EDITION 1

HOCKEY WORD SEARCH

LARGE PRINT

HOCKEY

WORD SEARCH

USE YOUR HOCKEY KNOWLEDGE
TO GIVE YOUR BRAIN A BOOST!

This Fun Puzzle Book Has Easy Word Search Puzzles

To Make The Solving Experience Relaxing

This Book Includes Several Helpful Features:

LARGE PRINT **CLEAR IMAGES**
SIMPLE INSTRUCTIONS **EASY-TO-READ SOLUTIONS**

Altogether, This Word Search Puzzle Book Provides
A Lovely Way To Spend Time.

Puzzle 1

D	C	J	R	L	B	R	U	C	E	G	A	M	B	L	E
A	S	G	N	O	Q	C	S	V	Q	U	R	X	O	K	E
N	A	B	R	A	D	M	A	X	W	E	L	L	X	R	G
B	Z	L	A	T	G	R	K	E	E	Q	D	N	U	T	A
O	S	E	S	J	B	E	F	R	J	U	P	I	B	H	O
U	P	J	E	X	J	I	O	Q	I	T	R	W	D	A	B
C	D	T	Z	K	T	C	Y	R	F	C	T	L	S	U	Y
H	U	U	T	H	M	M	F	I	G	Y	A	U	D	X	L
A	N	Y	P	A	R	G	Z	L	Y	E	J	M	B	P	P
R	C	U	S	H	O	O	M	X	Y	B	A	A	W	A	W
D	M	I	A	T	H	R	E	G	N	O	B	L	E	X	S
A	U	Q	W	L	U	Y	N	N	P	W	Q	I	L	H	E
I	N	P	A	T	S	T	A	P	L	E	T	O	N	E	C
D	R	C	M	H	A	L	L	A	Y	C	O	E	D	U	N
R	O	P	F	W	O	U	E	P	V	X	K	I	W	D	F
B	R	I	D	G	E	S	T	O	N	E	A	R	E	N	A

BRAD MAXWELL
BRUCE GAMBLE
DUNC MUNRO
HAL LAYCOE
REG NOBLE
BRIDGESTONE ARENA
DAN BOUCHARD
GEORGE ALLEN
PAT STAPLETON

Puzzle 2

J	0	K	P	5	A	5	E	B	H	C	G	E	K	B	B
E	X	1	Y	L	C	C	F	Y	D	R	A	M	O	A	I
D	M	0	W	Y	B	I	R	I	C	O	R	3	P	K	L
J	S	I	V	H	8	Z	Q	1	5	B	Y	9	U	7	L
O	T	H	K	M	B	X	8	R	E	R	B	J	1	H	Y
V	P	O	A	E	T	Q	P	T	6	A	E	K	6	I	H
A	0	A	M	Y	F	O	F	2	G	M	R	M	S	X	A
N	M	1	U	L	N	O	M	R	5	A	G	V	J	G	R
O	W	3	5	L	Y	E	L	J	7	G	M	O	T	8	R
V	V	H	C	1	H	S	C	I	O	E	A	Z	M	A	I
S	T	N	T	C	9	A	I	O	G	H	N	C	M	G	S
K	R	M	R	6	Q	E	Y	A	R	N	N	J	6	Q	1
I	I	Q	X	L	D	6	8	N	K	S	O	S	V	3	9
8	B	9	J	4	3	Y	L	A	E	C	O	C	O	V	3
C	P	V	F	2	V	X	C	2	N	S	B	N	W	N	5
P	W	I	L	L	I	E	H	U	B	E	R	S	A	J	O

BILLY HARRIS (1935)
GARY BERGMAN
PAUL HAYNES
SHAYNE CORSON
TOM LYSIAK
ED JOVANOVSKI
MIKE FOLIGNO
ROB RAMAGE
TOM JOHNSON
WILLIE HUBER

Puzzle 3

M	N	6	P	B	R	I	A	N	S	U	T	T	E	R	X
Q	G	S	L	A	L	E	X	K	O	V	A	L	E	V	J
F	R	E	9	Z	Q	O	P	7	N	M	O	V	B	V	H
6	E	R	S	K	R	U	E	U	E	5	P	8	R	R	A
2	G	G	E	G	Y	A	K	6	3	X	V	J	Y	H	1
Q	A	E	R	T	A	I	K	O	K	G	I	A	A	R	0
2	D	I	G	9	N	A	A	V	2	6	A	S	N	I	I
U	A	B	E	U	W	H	R	4	5	X	E	O	M	F	A
Y	M	O	I	D	A	I	I	2	6	K	R	N	U	M	X
E	S	B	M	P	L	P	N	D	7	U	Y	A	R	T	8
2	1	R	A	Y	T	J	N	V	O	K	E	R	R	W	A
0	9	O	K	V	E	F	E	B	9	0	K	N	A	9	Z
R	6	V	A	I	R	3	R	I	M	R	O	O	Y	O	8
7	3	S	R	C	Y	A	9	G	L	2	T	T	8	Z	9
9	I	K	O	B	L	6	Z	0	5	X	N	T	2	K	Z
V	B	Y	V	A	I	I	M	A	H	K	P	9	S	H	D

AL ARBOUR
BRIAN SUTTER
GREG ADAMS (1963)
PEKKA RINNE
SERGEI BOBROVSKY
ALEX KOVALEV
BRYAN MURRAY
JASON ARNOTT
RYAN WALTER
SERGEI MAKAROV

Puzzle 4

G	Q	A	O	Z	T	D	Z	H	P	C	X	A	I	H	A
P	R	N	X	T	G	O	C	R	E	R	F	U	I	Y	P
U	A	M	O	J	B	A	M	A	E	U	S	T	U	W	C
N	H	J	A	Z	L	O	C	M	H	L	M	W	W	Q	R
R	A	F	P	R	L	G	B	F	Y	Q	N	Q	O	I	A
R	R	K	E	K	E	H	T	B	C	G	L	S	T	G	I
I	Y	M	F	F	O	P	K	E	Y	B	O	O	B	Q	G
S	L	K	C	L	L	B	Z	B	J	B	P	R	E	L	J
E	G	V	H	O	A	A	E	Z	O	M	A	R	M	S	A
A	X	O	N	Y	B	B	S	X	O	T	O	U	V	A	N
B	I	P	T	D	I	E	Q	T	E	O	U	U	E	V	N
Z	V	S	O	S	N	P	T	J	S	S	V	K	W	R	E
I	Y	C	J	M	E	R	E	X	S	N	E	I	H	A	Y
A	Z	A	I	I	W	A	M	P	B	G	O	E	R	E	A
E	Q	V	G	T	N	T	M	X	P	R	M	U	W	G	F
T	C	X	P	H	R	T	G	L	E	N	N	H	A	L	L

BABE PRATT
CRAIG JANNEY
FLOYD SMITH
LEO LABINE
TOMMY GORMAN
BOBBY BAUER
ELMER LACH
GLENN HALL
TOM POTI

Puzzle 5

W	M	J	G	C	X	U	E	O	J	V	J	R	T	X	O
C	M	O	Q	D	E	C	F	B	L	H	R	S	G	A	T
Y	E	R	U	I	E	B	G	R	S	R	B	W	A	D	U
S	F	D	U	T	Q	N	C	D	E	H	J	S	U	L	U
M	K	E	M	N	H	I	I	K	V	G	A	C	T	N	K
E	E	T	M	N	K	G	E	S	T	W	U	V	Y	K	K
P	S	I	L	A	K	V	U	Z	S	B	X	P	E	B	A
E	C	P	S	K	A	N	Q	A	Z	A	S	Z	D	M	R
W	H	E	T	D	T	E	A	U	R	W	V	P	Y	L	A
M	O	I	S	R	U	P	Z	B	A	D	A	A	U	E	S
J	R	E	D	H	A	M	I	L	L	J	N	L	R	B	K
B	U	T	C	H	K	E	E	L	I	N	G	T	E	D	S
G	C	H	I	C	O	M	A	K	I	L	L	Z	U	R	Q
J	N	J	L	E	O	R	E	I	S	E	J	R	F	G	W
U	D	A	R	R	Y	L	S	I	T	T	L	E	R	F	X
B	I	F	I	R	G	Y	E	R	Z	K	J	D	I	G	D

BUTCH KEELING
DARRYL SITTLER
DENIS SAVARD
LEO REISE JR.
RED HAMILL
CHICO MAKI
DAVE KERR
JOE SAKIC
MOUTH GUARD
TUUKKA RASK

Puzzle 6

J	O	H	N	N	Y	G	O	T	T	S	E	L	I	G	I
N	N	V	Y	E	J	B	U	N	W	E	B	N	E	K	B
R	J	W	M	B	A	K	A	V	J	I	U	X	I	R	W
G	O	C	L	O	Z	R	Z	N	L	J	G	R	N	O	O
F	N	R	A	X	G	L	M	H	V	F	O	R	E	H	C
O	A	Y	U	Y	O	L	X	E	P	B	G	T	A	T	L
H	T	E	N	D	E	Z	Y	D	A	A	W	I	R	I	A
Q	H	N	I	C	Y	W	B	G	J	Q	Y	U	L	Q	U
J	A	A	W	G	T	P	N	R	R	X	K	L	S	Z	D
D	N	K	V	N	D	A	I	D	Z	J	T	P	E	B	E
W	Q	A	A	U	I	M	I	L	R	U	G	R	I	P	J
A	U	W	G	R	O	O	I	O	O	S	W	B	B	Y	U
G	I	F	A	R	P	K	W	V	L	U	Y	I	E	I	L
L	C	M	A	C	S	K	P	R	A	C	S	F	R	W	I
Z	K	J	F	P	L	J	Y	V	D	F	J	A	T	N	E
R	C	Y	K	E	I	T	H	T	K	A	C	H	U	K	N

CLAUDE JULIEN
EARL SEIBERT
JOHNNY GOTTSELIG
KEITH TKACHUK
RUDY PILOUS

DANNY GRANT
JAROMIR JAGR
JONATHAN QUICK
MARIAN GABORIK

Puzzle 7

Z	A	B	B	U	R	S	O	U	D	Q	X	O	I	M	J
C	Z	N	N	O	I	O	M	J	F	U	K	O	L	D	Z
F	O	K	A	O	M	X	N	Y	D	Y	Z	N	N	P	H
K	C	R	P	H	E	A	H	T	C	C	O	K	C	A	C
P	R	N	E	G	E	D	C	U	U	T	E	I	H	Y	P
F	P	A	X	Y	C	I	B	C	N	G	L	Y	H	M	A
S	J	T	Y	R	C	N	M	R	O	I	N	X	H	P	P
R	W	D	L	B	H	R	O	D	E	L	C	U	W	B	M
B	P	H	L	O	O	H	A	N	U	R	V	N	T	S	Z
V	G	L	J	A	T	U	C	W	D	C	Q	I	Z	T	U
I	C	U	L	E	O	A	R	D	F	H	K	I	L	W	H
N	D	Y	O	E	M	M	A	Q	G	O	K	S	P	L	T
W	C	J	A	L	T	X	T	Q	U	U	R	T	C	O	E
R	G	Z	A	W	W	H	Q	Y	I	E	C	D	A	G	O
S	T	H	H	O	C	K	E	Y	S	O	C	K	S	U	P
W	J	B	A	Q	H	X	O	T	O	I	A	Y	U	E	Q

AL MACNEIL
COREY CRAWFORD
JOE THORNTON
MAC COLVILLE
RON TUGNUTT
ANAHEIM DUCKS
HOCKEY SOCKS
JOHN BUCYK
RAY BOURQUE

Puzzle 8

A	L	E	X	D	E	L	V	E	C	C	H	I	O	U	Z
U	M	A	R	I	O	L	E	M	I	E	U	X	Y	R	O
G	G	Y	F	B	R	D	T	O	C	Y	M	F	U	E	D
U	E	V	B	J	R	N	Z	R	O	A	Q	F	T	E	X
B	H	Z	O	O	H	E	A	T	B	N	Y	Y	O	J	D
S	N	S	B	H	R	D	T	I	A	Y	W	C	N	I	L
N	S	X	G	N	G	L	B	T	T	J	Y	L	Y	M	E
U	V	Q	O	N	C	X	I	H	H	B	U	O	L	M	E
S	A	D	L	Y	A	U	L	K	C	U	C	R	E	Y	Z
J	B	V	D	B	G	J	L	K	K	X	L	M	S	G	B
L	E	O	H	O	V	E	F	T	V	Q	A	L	W	A	Q
Y	N	Q	A	W	A	G	L	W	L	Z	U	P	I	R	K
S	R	T	M	E	V	Z	E	A	L	K	O	I	C	D	J
R	P	I	I	R	E	S	T	W	O	C	M	H	K	N	M
U	R	L	R	R	T	M	T	P	A	T	Z	W	U	E	Z
X	J	H	L	H	B	L	K	G	F	Z	L	L	P	R	N

ALEX DELVECCHIO
BOB GOLDHAM
JIMMY GARDNER
MARIO LEMIEUX
BILL FLETT
BRETT HULL
JOHNNY BOWER
TONY LESWICK

Puzzle 9

Q	I	Q	C	J	W	X	T	B	I	K	L	H	R	L	U
J	P	H	I	L	G	O	Y	E	T	T	E	E	L	E	Y
O	A	P	S	Q	N	F	R	X	V	U	O	E	J	O	B
T	A	A	T	R	O	T	A	Y	B	Y	D	E	L	M	M
H	N	U	E	E	C	K	D	M	Y	S	F	T	M	W	O
R	D	L	V	E	Y	Z	G	U	O	H	I	R	I	W	W
E	B	R	E	D	P	V	W	M	Z	A	E	N	K	F	M
X	J	E	T	L	J	A	N	X	S	T	I	B	E	P	K
M	C	I	H	A	C	E	D	I	U	M	D	B	W	I	V
Q	T	N	O	R	K	B	A	S	O	K	U	U	A	L	Y
G	B	H	M	S	B	R	Y	C	F	W	O	K	L	V	T
M	R	A	A	O	D	R	A	X	B	H	O	B	T	I	I
R	A	R	S	N	A	I	X	X	I	C	T	M	O	Q	E
G	P	T	O	G	G	R	F	S	Y	E	B	P	N	U	U
T	L	E	P	D	F	F	R	E	D	S	H	E	R	O	S
B	L	T	E	K	Q	M	R	I	R	F	B	X	V	C	T

ED GIACOMIN
GARY SUTER
LEON DRAISAITL
PAUL REINHART
REED LARSON
FRED SHERO
KEN MOSDELL
MIKE WALTON
PHIL GOYETTE
STEVE THOMAS

Puzzle 10

Z	O	W	S	D	W	S	C	B	B	S	K	Y	X	D	N
S	N	C	T	V	T	R	R	J	T	R	C	X	V	O	J
T	Z	R	E	I	O	O	A	Y	O	H	N	P	X	L	C
L	P	A	V	C	Y	G	I	O	E	F	A	D	F	L	F
V	E	I	E	T	K	E	G	U	B	H	J	B	V	A	H
Q	T	G	S	O	X	R	C	V	L	H	L	L	L	R	S
O	E	H	M	R	R	S	O	O	A	J	A	Z	R	D	F
J	R	A	I	H	R	P	N	Z	K	E	T	O	L	S	L
O	F	R	T	E	J	L	R	M	E	E	M	Z	B	T	K
R	O	T	H	D	Y	A	O	B	G	N	F	V	H	L	B
E	R	S	Z	M	U	C	Y	N	O	X	I	E	M	A	W
A	S	B	L	A	N	E	A	S	L	Z	M	S	Z	U	F
D	B	U	K	N	L	Y	N	G	K	P	V	B	T	R	U
H	E	R	A	P	R	E	X	K	A	F	B	R	Z	E	C
C	R	G	O	P	L	I	E	G	K	R	X	Z	P	N	Q
V	G	T	E	G	Y	P	N	X	B	Z	R	E	N	T	J

CRAIG CONROY
DOLLARD ST. LAURENT
PETER FORSBERG
RYAN GETZLAF
TOE BLAKE
CRAIG HARTSBURG
GLEN SONMOR
ROGERS PLACE
STEVE SMITH
VICTOR HEDMAN

Puzzle 11

M	Y	Z	L	B	R	P	Y	F	C	C	B	Z	D	S	U
C	C	I	I	Z	R	T	B	H	P	J	D	O	U	A	H
S	P	U	S	D	L	I	Z	T	F	B	B	G	S	S	X
I	M	I	M	I	K	J	A	J	K	V	F	N	Z	S	W
S	D	I	E	A	M	B	I	N	V	Y	X	O	Y	I	I
F	U	W	K	R	X	O	I	O	P	O	J	F	B	S	H
G	L	C	S	E	R	B	N	L	N	R	K	W	V	T	N
Z	H	O	P	W	B	E	E	G	L	N	O	A	A	A	R
U	N	J	Y	T	Q	A	P	N	A	D	G	P	K	N	X
O	V	S	N	D	J	R	B	I	T	G	U	N	P	T	Y
N	R	Y	L	H	C	O	W	C	L	L	N	R	N	C	M
G	X	V	L	I	V	U	J	X	O	O	E	E	N	O	P
T	Q	S	X	B	Y	Z	R	U	A	C	T	Y	B	A	X
P	X	Q	F	Y	W	E	M	R	Z	E	K	E	W	C	N
B	G	C	J	E	C	E	F	Y	Y	N	C	Y	W	H	W
P	P	F	G	M	I	K	E	B	A	B	C	O	C	K	F

ASSISTANT COACH
BRIAN PROPP
MAX BENTLEY
PIERRE PILOTE
BILL DURNAN
FLOYD CURRY
MIKE BABCOCK
SIMON GAGNE

Puzzle 12

W	S	A	R	I	Z	O	N	A	C	O	Y	O	T	E	S
E	X	L	Y	N	N	P	A	T	R	I	C	K	L	D	B
Q	O	U	J	I	L	E	B	T	S	Z	V	N	N	G	U
Q	H	G	I	Q	L	T	P	A	I	A	U	A	L	R	C
R	J	A	M	E	R	G	P	Z	O	H	S	V	T	J	K
R	M	D	M	J	S	C	P	D	S	E	P	J	M	P	O
P	Q	J	Y	Y	L	D	J	A	I	T	A	I	D	H	M
L	G	C	H	Y	I	A	N	L	K	H	C	O	O	X	C
Q	G	C	O	C	U	K	R	R	Y	H	Q	Z	U	B	D
M	D	E	W	Q	C	A	W	H	X	R	O	I	G	F	O
G	S	F	A	I	H	B	I	P	N	M	D	B	M	J	N
Z	A	S	R	C	R	E	T	Y	D	U	R	P	O	J	A
J	R	A	D	J	S	H	O	W	A	S	Q	O	H	I	L
K	T	H	M	A	R	C	S	A	V	A	R	D	N	B	D
J	E	A	N	G	U	Y	T	A	L	B	O	T	S	F	H
T	I	M	T	H	O	M	A	S	N	W	B	F	Z	U	R

ARIZONA COYOTES
CHARLIE SANDS
JEAN-GUY TALBOT
LYNN PATRICK
RICK NASH

BUCKO MCDONALD
DOUG MOHNS
JIMMY HOWARD
MARC SAVARD
TIM THOMAS

Puzzle 13

T	S	G	F	W	U	P	U	M	E	J	R	D	I	K	P
W	L	K	I	V	C	Q	O	D	B	E	T	X	D	N	X
I	L	K	H	L	Q	I	F	F	N	R	R	J	I	U	R
I	V	I	E	D	L	G	P	H	K	O	N	V	M	E	F
J	W	A	R	V	M	E	C	E	B	Y	T	I	N	C	R
G	T	L	N	O	I	S	S	H	R	O	T	Y	F	D	F
Z	J	H	Z	B	E	N	G	G	P	J	A	N	O	Z	T
Q	O	G	B	R	O	I	L	X	I	R	C	W	M	O	M
N	V	O	G	E	N	L	I	O	K	L	Q	I	V	K	R
R	H	N	L	K	T	L	D	C	W	O	B	P	B	N	K
K	O	K	N	V	E	X	U	I	R	E	U	E	A	A	I
R	Q	A	G	F	S	H	N	V	R	N	E	A	R	M	I
W	R	T	C	T	C	Q	U	A	R	E	I	W	T	T	E
F	W	N	I	L	D	D	U	R	D	L	V	A	E	X	P
R	I	J	I	M	M	Y	S	K	I	N	N	E	R	G	F
A	E	V	G	E	N	I	N	A	B	O	K	O	V	A	P

CHUCK RAYNER
FELIX POTVIN
GILLES GILBERT
JIMMY SKINNER
RON GRESCHNER
EVGENI NABOKOV
FRANK NIGHBOR
IVAN BOLDIREV
KEVIN LOWE

Puzzle 14

Q	M	D	U	N	N	S	A	R	K	W	H	I	C	S	J
B	K	I	K	R	H	Q	B	Z	L	N	T	F	E	P	A
C	I	X	K	P	J	R	P	N	X	Z	K	R	E	N	C
Q	L	L	F	E	D	O	H	F	W	C	A	L	O	Y	Q
H	T	M	L	X	K	J	E	V	V	V	V	N	V	S	U
Y	A	U	R	Y	Y	A	F	P	A	F	G	A	E	I	E
S	U	V	G	E	T	L	R	T	R	A	E	V	W	P	S
S	M	Z	Z	O	C	A	N	A	G	I	O	J	K	O	L
J	V	Z	F	V	I	H	Y	Y	K	L	M	R	R	E	E
Q	N	Q	S	H	O	C	N	L	G	A	Q	E	E	X	M
B	A	C	G	J	P	N	M	Y	O	E	S	A	A	C	A
O	N	T	Z	F	H	O	E	V	R	R	I	R	K	U	I
X	E	W	K	O	F	K	B	B	T	C	E	N	T	E	R
Z	H	I	J	H	C	A	O	K	Y	T	A	Q	X	B	E
O	Y	D	K	O	L	D	P	I	N	J	O	B	Y	O	O
O	W	Z	H	G	P	J	J	N	L	X	X	I	L	N	G

BB&T CENTER
HOCKEY GLOVES
JOE PRIMEAU
JOHNNY GAGNON
BILLY TAYLOR
JACQUES LEMAIRE
JOHN TAVARES
MIKE KARAKAS

Puzzle 15

U	O	P	Z	A	U	R	Y	M	O	I	E	N	A	I	Q
V	G	T	O	M	A	S	K	A	B	E	R	L	E	N	J
R	I	H	M	A	R	T	Y	P	A	V	E	L	I	C	H
H	O	G	A	Y	J	M	L	E	O	N	F	D	T	P	M
K	C	G	B	R	Y	V	N	G	Y	M	Q	S	S	E	A
X	L	J	I	T	R	L	V	A	Q	C	K	N	Z	T	R
G	A	I	I	E	O	Y	H	I	V	G	I	A	B	E	C
M	R	M	K	F	V	L	L	K	X	L	K	B	C	R	C
H	K	M	E	H	L	A	L	U	L	B	X	Y	P	B	R
D	G	Y	V	I	M	F	C	O	M	W	B	V	D	O	A
Y	I	C	B	E	G	Q	R	H	H	L	M	Y	B	N	W
D	L	A	T	V	Q	L	V	T	O	C	E	V	T	D	F
F	L	R	G	F	A	V	S	K	B	N	L	Y	J	R	O
D	I	S	O	D	X	B	R	G	P	X	G	N	V	A	R
A	E	O	G	E	U	D	B	B	R	A	F	P	F	E	D
T	S	N	H	B	Y	H	G	F	Z	B	Z	C	Q	D	X

AL ROLLINS
CLARK GILLIES
JIMMY CARSON
MARTY PAVELICH
ROGIE VACHON
BILL HAY
HARRY LUMLEY
MARC CRAWFORD
PETER BONDRA
TOMAS KABERLE

Puzzle 16

E	V	F	F	H	A	R	R	Y	S	I	N	D	E	N	G
N	T	S	H	P	A	R	U	E	E	F	Q	F	J	K	P
K	U	Y	D	N	G	R	P	I	U	I	O	H	U	I	H
Z	R	D	I	R	G	A	R	Y	R	O	B	E	R	T	S
N	K	O	T	Q	V	Q	J	Q	Y	M	U	D	V	H	E
X	B	M	C	J	A	R	U	O	R	C	Q	C	U	N	G
N	R	I	L	C	Q	S	Y	W	G	H	O	H	O	M	N
F	O	N	A	T	N	X	P	X	D	E	J	O	C	K	O
B	D	I	P	R	R	Q	L	P	H	Z	C	P	B	L	K
B	A	K	P	E	B	V	R	M	B	F	P	U	Z	V	S
U	A	H	E	M	U	R	B	D	D	D	R	S	Q	L	N
L	P	A	R	B	A	N	D	R	E	D	U	P	O	N	T
N	K	S	C	L	A	U	D	E	P	R	O	V	O	S	T
L	N	E	P	A	A	S	T	R	V	V	X	Y	A	H	N
I	M	K	E	Y	W	S	V	Q	C	J	W	H	B	W	J
Q	Z	I	G	O	R	L	A	R	I	O	N	O	V	B	F

ANDRE DUPONT
DIT CLAPPER
GARY ROBERTS
IGOR LARIONOV
JOCK
CLAUDE PROVOST
DOMINIK HASEK
HARRY SINDEN
J.C. TREMBLAY
TURK BRODA

Puzzle 17

Z	J	R	V	B	Q	F	T	P	V	O	G	O	A	E	U
B	I	P	T	F	F	X	K	C	W	L	C	I	K	C	A
I	M	D	O	N	B	E	A	U	P	R	E	R	K	A	H
L	M	K	K	A	L	C	C	A	I	M	A	G	B	P	T
L	Y	K	E	L	F	F	C	G	U	L	D	N	U	I	X
Y	W	H	P	N	E	T	X	I	C	W	O	Q	W	T	K
B	A	E	C	D	R	S	U	Y	Q	T	C	F	T	A	C
O	T	M	G	Y	N	E	B	U	R	U	Q	G	N	L	K
U	S	E	C	L	Z	B	A	O	H	W	O	E	E	O	S
C	O	Y	U	G	O	O	H	R	K	X	G	S	Z	N	Z
H	N	D	U	B	W	M	L	R	D	K	K	L	K	E	Q
E	K	I	Y	U	I	M	G	W	C	O	S	U	E	A	U
R	A	P	F	T	I	Y	D	Y	G	C	N	X	M	R	I
G	L	E	N	S	A	T	H	E	R	P	C	W	K	E	D
K	D	E	N	N	I	S	K	E	A	R	N	S	M	N	C
L	N	G	R	A	N	T	F	U	H	R	N	B	U	A	Q

BILLY BOUCHER
CAPITAL ONE ARENA
DON BEAUPRE
GRANT FUHR
KEN REARDON
BOBBY CLARKE
DENNIS KEARNS
GLEN SATHER
JIMMY WATSON
TIM HORTON

Puzzle 18

F	B	U	M	Y	H	S	F	C	N	Z	M	B	E	Z	R
G	I	W	O	N	S	V	V	N	M	S	W	Y	D	R	W
E	L	W	J	X	G	I	L	W	C	Z	A	I	D	H	A
O	L	T	S	K	B	H	W	T	L	C	O	D	I	M	Y
R	Q	B	E	D	Z	X	K	Y	G	E	G	X	E	D	N
G	U	G	I	J	O	N	C	A	S	E	Y	S	J	N	E
E	A	J	T	L	V	R	T	N	V	D	O	X	O	V	H
A	C	T	G	I	L	C	B	T	V	N	U	U	H	F	I
R	K	G	F	M	M	B	D	T	L	O	G	Z	N	Q	L
M	E	I	J	Z	Y	K	A	E	F	N	D	P	S	K	L
S	N	M	F	J	X	Q	E	R	O	Q	E	X	T	Z	M
T	B	U	P	V	R	V	C	R	B	G	S	M	O	G	A
R	U	I	B	Q	Q	J	Z	P	R	E	U	T	N	Q	N
O	S	F	O	Q	L	K	Y	C	Q	O	R	G	X	W	U
N	H	O	A	D	J	E	A	N	P	O	T	V	I	N	K
G	O	F	G	E	H	X	Q	P	N	S	R	I	V	T	J

BILL BARBER
EDDIE JOHNSTON
JEAN POTVIN
TIM KERR
BILL QUACKENBUSH
GEORGE ARMSTRONG
JON CASEY
WAYNE HILLMAN

Puzzle 19

J	F	I	L	I	P	F	O	R	S	B	E	R	G	Z	M
T	E	I	P	T	G	J	S	K	K	C	E	L	G	A	N
C	G	F	L	H	Z	Q	T	A	Z	M	R	W	R	R	K
H	U	G	F	S	F	B	F	M	B	X	I	B	J	L	E
U	Z	M	R	B	N	L	M	G	Q	C	C	M	A	E	Y
W	E	G	I	O	R	E	R	E	W	A	V	L	K	Y	B
R	A	P	A	K	N	O	I	G	V	X	A	N	U	Z	A
T	Q	L	K	W	E	H	W	E	O	T	I	A	B	A	N
X	A	T	T	X	I	R	E	N	B	J	L	L	V	L	K
Z	B	X	X	T	O	O	I	X	N	B	I	O	O	A	C
U	N	X	Y	N	K	A	B	C	T	W	B	I	R	P	E
Y	R	J	X	U	V	A	J	C	H	A	Z	U	A	S	N
G	T	U	B	M	E	X	C	W	R	A	L	I	C	K	T
E	L	T	B	U	D	L	E	Z	U	L	R	L	E	I	E
P	Y	R	T	W	E	X	O	R	U	K	E	D	K	T	R
A	M	C	V	L	M	M	Q	A	T	K	P	B	S	D	R

ERIC VAIL
JAKUB VORACEK
KEYBANK CENTER
RON HEXTALL
ZARLEY ZALAPSKI
FILIP FORSBERG
JEFF BROWN
MIKE RICHARDS
WALT TKACZUK

Puzzle 20

K	N	I	S	P	Y	K	Y	L	C	O	W	W	D	L	M
Z	X	L	Z	O	J	R	P	L	H	J	I	S	Y	S	O
A	S	T	E	P	H	A	N	E	R	I	C	H	E	R	P
C	R	A	O	P	C	F	P	K	B	U	G	B	Z	C	I
H	Y	C	P	T	J	L	X	N	Y	Z	J	T	N	R	U
W	A	J	Q	W	Z	E	K	C	Y	T	H	M	P	R	I
E	N	D	O	U	L	A	T	Q	A	F	X	B	C	M	U
R	S	Y	J	P	L	A	X	E	I	M	Q	A	E	X	Q
E	U	E	M	O	G	R	E	G	M	I	L	L	E	N	K
N	T	A	I	F	M	A	R	T	Y	B	A	R	R	Y	H
S	E	K	I	N	G	C	L	A	N	C	Y	O	E	B	D
K	R	L	U	C	R	O	B	I	T	A	I	L	L	E	V
I	A	S	J	A	R	O	M	E	I	G	I	N	L	A	U
G	G	G	I	L	L	E	S	T	R	E	M	B	L	A	Y
F	M	H	H	K	C	H	L	L	C	K	K	Z	R	T	M
W	V	F	I	V	W	S	F	Z	W	Y	X	R	U	T	R

GILLES TREMBLAY
JAROME IGINLA
LUC ROBITAILLE
RYAN SUTER
ZACH WERENSKI
GREG MILLEN
KING CLANCY
MARTY BARRY
STEPHANE RICHER

Puzzle 21

E	M	S	M	A	R	E	K	Z	I	D	L	I	C	K	Y
Q	M	I	C	H	E	L	B	E	R	G	E	R	O	N	A
J	A	R	I	K	U	R	R	I	N	X	V	U	Y	G	P
K	U	Z	K	F	B	L	W	B	E	Q	X	B	K	E	O
R	Z	J	Q	M	Q	H	H	E	X	A	R	I	U	O	N
N	I	A	M	B	I	Y	Y	L	P	U	X	L	K	F	C
J	G	B	L	Y	E	S	Y	Q	X	R	H	Q	D	F	V
Q	A	P	A	E	M	H	I	G	Q	A	S	J	W	C	I
O	B	C	Y	R	X	Q	N	O	H	B	K	S	B	O	P
A	D	X	K	I	R	S	W	W	Q	M	P	I	D	U	K
S	I	E	N	A	T	Y	M	R	I	C	X	D	G	R	A
R	E	I	S	X	D	I	T	I	G	L	D	R	T	T	L
D	U	C	F	P	Q	A	B	R	T	B	S	C	G	N	X
X	P	R	F	I	B	J	M	E	O	H	V	O	J	A	L
N	O	A	U	L	Q	K	J	S	L	T	N	C	N	L	D
A	M	Z	W	W	T	F	Y	H	X	F	Z	D	C	L	C

ALEX SMITH
BEHN WILSON
JACK ADAMS
MAREK ZIDLICKY
BARRY TROTZ
GEOFF COURTNALL
JARI KURRI
MICHEL BERGERON

Puzzle 22

F	L	O	S	A	N	G	E	L	E	S	K	I	N	G	S
R	D	A	V	E	T	R	O	T	T	I	E	R	C	R	T
E	S	V	E	F	M	S	M	V	L	N	C	G	E	Y	J
D	D	Z	E	Z	B	S	G	K	E	B	E	H	B	R	J
R	H	T	W	Z	S	J	F	W	A	D	C	T	U	E	L
I	I	E	D	I	N	U	E	R	N	A	L	S	N	D	W
K	Y	U	E	E	G	C	O	O	N	O	I	Y	V	D	H
O	U	B	Z	Y	M	K	L	O	H	H	Y	L	S	U	X
L	X	Z	Y	E	Y	A	C	N	C	C	U	J	C	T	C
A	V	Y	K	R	L	Y	E	C	H	S	D	W	J	T	V
U	J	I	R	Y	O	D	E	Z	I	F	K	T	K	O	Y
S	M	E	S	R	A	R	Y	C	S	H	I	R	Q	N	M
S	J	W	K	R	K	N	M	T	D	W	I	T	A	N	F
O	E	X	B	R	W	G	X	P	F	L	B	O	A	G	T
N	H	E	A	V	G	W	D	H	I	O	D	M	V	D	T
X	A	M	X	Q	Z	E	E	X	E	R	B	W	U	M	R

BRADEN HOLTBY
FREDRIK OLAUSSON
LOS ANGELES KINGS
MIKE MCEWEN
RED DUTTON
DAVE TROTTIER
JERRY KORAB
MARK RECCHI
NEWSY LALONDE
ROY CONACHER

Puzzle 23

A	R	N	S	B	F	E	E	M	D	T	U	D	E	B	H
V	K	X	C	B	I	L	L	C	O	W	L	E	Y	X	H
C	F	B	Q	L	K	E	N	R	A	N	D	A	L	L	M
R	O	M	A	N	H	A	M	R	L	I	K	G	C	J	R
H	I	A	J	S	H	A	R	R	Y	N	E	A	L	E	U
Y	S	D	Z	B	D	C	C	S	P	T	U	L	D	J	I
Z	R	Q	C	B	X	Q	D	J	T	H	H	N	G	G	C
I	G	I	L	L	E	S	V	I	L	L	E	M	U	R	E
H	E	I	F	Q	H	L	U	M	L	L	D	A	V	W	I
A	Z	S	T	A	P	L	E	S	C	E	N	T	E	R	N
A	L	E	X	A	N	D	E	R	M	O	G	I	L	N	Y
Y	W	L	E	O	R	E	I	S	E	S	R	D	R	D	L
N	W	K	K	E	T	Z	Z	B	F	S	E	T	G	H	E
Q	M	F	D	Z	W	P	R	Q	S	F	Y	D	A	J	N
N	R	B	D	A	L	E	T	A	L	L	O	N	Q	X	K
I	Y	L	A	R	R	Y	R	O	B	I	N	S	O	N	W

ALEXANDER MOGILNY
DALE TALLON
HARRY NEALE
LARRY ROBINSON
ROMAN HAMRLIK
BILL COWLEY
GILLES VILLEMURE
KEN RANDALL
LEO REISE SR.
STAPLES CENTER

Puzzle 24

V	D	I	C	K	C	A	R	R	O	L	L	Q	Y	T	S
P	F	C	K	A	L	I	A	F	R	A	T	E	O	Q	Z
G	G	V	W	Q	T	U	F	E	G	W	L	A	B	P	J
K	S	X	Y	A	K	D	N	N	Q	Q	B	Z	K	W	A
C	X	O	U	L	Y	O	G	D	N	I	F	D	R	B	S
E	F	N	Z	Z	T	N	E	A	W	D	O	X	H	B	O
Z	J	V	M	S	E	X	E	L	R	S	K	G	B	L	N
S	V	F	K	L	X	Q	Q	S	B	D	O	Y	E	U	B
E	R	R	E	J	M	I	O	X	I	O	E	G	N	C	L
G	A	K	O	R	I	Y	U	R	H	M	W	N	Y	S	A
M	Z	E	D	I	Q	D	N	L	E	J	M	P	G	V	K
M	M	B	G	X	Y	C	M	I	P	S	A	O	A	S	E
S	R	Z	B	E	P	G	U	I	D	O	L	I	N	D	N
F	R	A	D	I	M	V	R	B	A	T	A	U	P	D	S
C	H	A	R	L	I	E	S	I	M	M	E	R	P	X	S
Y	R	P	L	X	I	E	Y	Q	K	L	V	T	O	E	P

AL IAFRATE
CHARLIE SIMMER
ELBOW PADS
MARK STONE
TD GARDEN
BEP GUIDOLIN
DICK CARROLL
JASON BLAKE
RADIM VRBATA
WAYNE SIMMONDS

Puzzle 25

F	N	Y	M	P	N	L	W	D	V	K	N	E	Q	A	F
J	Y	A	N	D	R	E	B	O	U	D	R	I	A	S	V
O	S	Y	U	I	F	L	W	L	X	Q	N	X	E	B	B
H	E	G	D	A	L	E	H	U	N	T	E	R	T	G	G
N	A	G	X	Y	E	I	C	R	V	Z	M	L	Q	P	I
O	N	I	L	G	S	F	L	Z	O	S	U	H	I	S	L
G	M	Y	P	L	C	L	F	S	R	A	T	Q	E	Y	L
R	O	U	B	C	G	K	W	E	E	Y	S	D	O	L	E
O	N	F	L	W	D	X	G	B	M	X	L	V	M	A	S
D	A	Q	R	V	C	O	I	S	J	C	T	D	T	P	M
N	H	X	A	T	R	B	N	J	L	V	C	O	S	P	E
I	A	R	J	E	L	A	T	E	G	W	I	G	B	S	L
C	N	V	K	U	Y	D	N	X	T	Z	G	P	N	X	O
K	Q	I	A	R	H	J	H	V	F	R	H	Q	Q	Z	C
I	M	P	G	N	U	Y	Q	Z	D	M	G	E	I	R	H
B	R	O	D	B	R	I	N	D	A	M	O	U	R	K	E

ANDRE BOUDRIAS
GILLES MELOCHE
MIKE ROGERS
ROD BRIND'AMOUR
SEAN MONAHAN
DALE HUNTER
JOHN OGRODNICK
PAUL BIBEAULT
RYAN SMYTH
SYL APPS

Puzzle 26

G	P	W	I	L	F	P	A	I	E	M	E	N	T	N	P
O	B	A	U	Q	D	A	O	S	F	C	N	J	A	E	T
A	T	B	T	P	R	L	Y	R	I	P	G	E	N	N	O
L	G	P	L	V	T	B	P	K	I	Y	O	F	D	O	W
T	Q	A	Z	X	E	E	W	K	M	Y	P	F	R	L	R
E	H	V	M	I	A	R	C	X	D	Z	H	O	E	O	X
N	T	E	C	H	K	T	B	H	A	S	I	N	W	E	O
D	P	L	D	B	H	L	Y	E	V	E	L	E	B	H	E
I	J	D	S	U	A	A	O	K	E	B	E	I	R	V	K
N	S	A	B	Z	V	N	Z	I	T	K	S	L	U	A	X
G	S	T	A	Z	X	G	D	N	A	L	P	L	N	X	J
C	O	S	E	B	S	L	O	S	Y	O	O	X	E	E	Y
O	H	Y	J	O	N	O	N	A	L	B	S	Z	T	H	G
A	O	U	R	L	Q	I	D	W	O	A	I	E	T	G	T
C	Y	K	L	L	P	S	J	F	R	D	T	M	E	W	A
H	W	P	P	C	J	J	C	F	G	E	O	W	K	U	B

ALBERT LANGLOIS
ANDREW BRUNETTE
BUZZ BOLL
DAVE TAYLOR
GOALTENDING COACH
JEFF O'NEILL
PAT VERBEEK
PAVEL DATSYUK
PHIL ESPOSITO
WILF PAIEMENT

Puzzle 27

T	I	P	E	R	R	P	A	E	G	Y	C	A	Z	E	R
S	V	B	F	T	R	Z	D	R	E	H	S	V	X	R	U
H	S	W	I	I	O	U	J	Z	Q	U	H	K	S	M	L
O	E	K	G	V	C	N	Z	Z	M	X	V	M	W	A	P
U	Z	B	F	F	U	R	Y	W	R	C	S	Y	M	N	N
L	N	A	L	V	A	L	B	E	R	T	L	E	D	U	C
D	Q	I	K	I	K	K	L	M	S	L	U	R	D	T	C
E	W	J	B	R	T	X	P	M	L	P	T	G	W	O	S
R	E	M	I	A	R	T	R	O	S	S	O	J	A	P	J
P	U	S	J	M	G	S	U	N	T	Z	R	S	Z	N	D
A	U	K	X	A	M	W	T	X	E	R	E	X	I	R	B
D	Q	A	B	F	N	Y	E	F	I	O	Y	M	X	T	L
S	I	S	J	V	W	I	W	O	Y	N	K	J	I	X	O
E	Q	C	A	Z	L	M	D	A	U	W	R	K	Z	X	R
M	P	Y	H	H	W	Y	V	E	R	J	U	Q	U	V	H
K	F	L	T	U	H	B	O	Z	L	D	G	G	O	P	A

ALBERT LEDUC
JIMMY WARD
TONY ESPOSITO
WILF CUDE
ART ROSS
SHOULDER PADS
TOREY KRUG

Puzzle 28

U	U	B	P	L	G	A	W	Q	J	B	W	V	B	P	O
O	O	G	D	I	U	J	S	J	H	D	J	Y	V	S	P
G	H	B	C	O	L	O	P	H	L	P	I	S	J	D	B
Y	K	U	H	N	C	E	O	Q	S	V	M	Z	E	P	Q
K	H	Y	A	E	Z	W	B	F	K	D	G	N	S	N	G
Z	A	E	L	L	I	A	E	L	D	R	N	S	A	Y	X
E	M	R	F	C	G	T	P	Z	N	A	K	M	M	D	D
T	G	I	S	O	P	S	O	O	L	L	H	R	I	I	N
S	F	C	M	N	C	O	C	E	I	S	Q	W	Y	B	G
L	N	D	I	A	K	N	S	M	A	D	I	M	Y	W	S
D	H	A	T	C	M	U	B	C	W	R	M	N	N	B	R
L	U	Z	H	H	M	I	E	O	B	R	R	Z	L	Y	N
X	H	E	K	E	H	N	N	Z	O	A	T	U	J	A	X
P	F	D	E	R	Y	G	W	G	Z	Y	V	D	Q	W	B
W	Z	T	C	A	R	E	Y	P	R	I	C	E	A	Q	X
A	D	X	W	J	Q	X	D	S	Z	X	Y	G	M	Q	Q

ALF SMITH
ERIC DAZE
JOE WATSON
TEEMU SELANNE
CAREY PRICE
HIB MILKS
LIONEL CONACHER
WAYNE CASHMAN

Puzzle 29

L	U	B	O	M	I	R	V	I	S	N	O	V	S	K	Y
H	T	O	M	B	A	R	R	A	S	S	O	H	H	D	V
Y	G	E	O	R	G	E	S	B	O	U	C	H	E	R	D
E	J	A	Y	D	X	Z	A	M	A	U	C	X	K	P	T
N	I	C	K	L	A	S	B	A	C	K	S	T	R	O	M
A	L	H	J	X	X	H	A	E	S	H	I	K	M	S	D
X	S	G	C	C	H	C	S	B	X	J	D	X	W	J	I
J	A	M	E	S	N	E	A	L	P	X	V	J	P	S	O
W	N	B	A	U	R	E	L	E	J	O	L	I	A	T	N
R	Z	T	K	V	F	I	L	I	P	K	U	B	A	P	P
F	C	U	F	V	G	E	H	V	Z	G	Z	F	T	D	H
J	B	Y	K	E	Q	P	H	H	X	K	R	O	Z	X	A
C	L	A	U	D	E	L	A	R	O	S	E	X	L	V	N
A	A	D	Z	Y	S	O	S	C	X	K	V	I	U	Z	E
M	O	R	R	I	S	L	U	K	O	W	I	C	H	O	U
V	U	P	O	F	P	A	G	I	W	O	Y	F	S	J	F

AURELE JOLIAT
DION PHANEUF
GEORGES BOUCHER
LUBOMIR VISNOVSKY
NICKLAS BACKSTROM

CLAUDE LAROSE
FILIP KUBA
JAMES NEAL
MORRIS LUKOWICH
TOM BARRASSO

Puzzle 30

B	A	V	U	Y	Z	A	C	H	P	A	R	I	S	E	M
V	F	D	O	R	O	N	F	R	A	N	C	I	S	V	K
R	D	C	I	J	E	D	C	Q	A	B	F	T	P	A	L
W	P	F	A	O	G	D	P	B	W	R	E	V	V	X	Z
C	W	K	N	H	J	B	B	K	M	X	O	L	M	X	B
P	A	L	T	N	E	G	I	E	S	H	S	T	F	Z	V
R	D	W	U	C	C	N	H	L	L	U	H	Z	Z	L	K
B	E	Z	R	U	C	Q	E	U	L	F	B	R	M	C	Y
W	R	F	N	L	X	G	X	Y	B	Y	O	B	U	T	B
P	E	W	B	L	Q	N	V	H	N	T	B	U	A	E	R
G	D	I	U	E	Y	C	F	K	J	X	O	U	R	N	M
P	D	J	L	N	E	O	E	M	W	H	S	K	R	N	L
I	E	I	L	G	V	Z	G	Q	O	U	W	I	E	C	K
U	N	Y	T	P	U	N	C	H	I	M	L	A	C	H	H
C	K	S	M	W	I	G	J	C	G	S	E	J	K	Y	O
H	J	T	H	P	V	D	A	V	E	B	A	B	Y	C	H

BILLY BURCH
ED BELFOUR
JOHN CULLEN
PUNCH IMLACH
WADE REDDEN

DAVE BABYCH
IAN TURNBULL
P.K. SUBBAN
RON FRANCIS
ZACH PARISE

Puzzle 31

W	S	B	E	E	I	C	T	E	O	A	R	L	O	N	B
Z	Z	I	R	J	O	E	L	A	M	B	F	Z	I	G	F
M	Q	L	I	U	H	J	R	B	O	M	R	Z	J	F	M
Y	F	L	C	Q	A	D	V	E	D	V	A	F	O	A	I
A	H	Y	D	L	E	E	Z	H	R	S	N	L	H	S	C
N	E	S	E	Y	V	S	P	F	J	N	K	A	N	Y	K
T	N	M	S	T	K	D	P	I	M	C	B	E	N	X	E
O	R	I	J	Q	P	A	U	L	K	A	R	I	Y	A	Y
N	I	T	A	O	G	V	R	S	R	P	I	V	W	I	R
S	K	H	R	R	Q	X	B	M	I	Q	M	A	I	G	E
T	S	A	D	E	M	O	S	Y	A	F	S	S	L	L	D
A	E	K	I	C	U	R	I	G	Q	A	E	C	S	V	M
S	D	E	N	J	I	G	V	F	E	X	K	Q	O	Q	O
T	I	X	S	T	L	V	G	N	E	H	S	K	N	N	N
N	N	C	O	N	N	O	R	M	C	D	A	V	I	D	D
Y	W	I	Z	G	O	C	Q	Y	E	L	Z	X	D	O	G

ANTON STASTNY
CONNOR MCDAVID
FRANK BRIMSEK
JOE LAMB
MICKEY REDMOND
BILLY SMITH
ERIC DESJARDINS
HENRIK SEDIN
JOHNNY WILSON
PAUL KARIYA

Puzzle 32

R	F	T	J	C	Z	V	C	J	V	F	V	K	S	F	A
A	A	L	E	W	A	F	B	A	S	Z	I	Z	I	M	P
L	U	M	O	R	B	R	I	X	Q	H	H	J	L	T	C
E	H	U	I	R	R	O	S	E	U	X	J	T	T	R	A
X	A	G	N	Y	I	Y	B	O	R	R	G	M	L	I	P
E	R	R	L	I	N	D	S	G	N	Y	D	W	R	C	E
I	R	P	G	K	T	O	A	A	A	C	L	G	A	B	P
Y	Y	C	B	R	T	E	R	P	W	I	O	N	R	S	M
A	C	X	M	G	D	K	D	M	A	C	N	O	D	K	S
S	A	E	L	T	V	J	J	C	U	N	H	E	P	O	V
H	M	D	W	D	A	W	E	L	E	L	T	U	Y	E	I
I	E	A	G	U	C	R	G	V	F	N	L	H	K	W	R
N	R	Z	U	W	E	K	R	U	P	P	T	M	E	R	Y
X	O	H	Y	B	B	O	Q	O	Q	M	E	E	A	R	T
O	N	D	Z	D	L	Q	S	B	E	G	R	H	R	N	S
J	J	G	Z	Q	B	U	X	L	X	Z	I	P	P	L	J

ALEXEI YASHIN
CARSON COOPER
HARRY CAMERON
TERRY SAWCHUK
UWE KRUPP
BOB GAINEY
FLORIDA PANTHERS
NORM ULLMAN
UNITED CENTER

Puzzle 33

D	H	L	T	F	M	J	Z	X	F	S	X	Q	Y	M	S
T	B	S	H	N	I	X	V	R	B	O	L	O	G	K	K
N	I	E	O	P	A	N	F	K	U	E	P	P	U	Q	L
L	L	A	M	G	I	G	O	A	L	Z	C	Z	K	U	Z
G	G	N	A	R	N	Z	R	Z	K	Z	Q	V	I	P	K
U	A	B	S	G	M	I	K	E	H	O	F	F	M	A	N
Y	R	U	V	K	A	S	W	A	V	G	O	T	K	P	H
C	P	R	A	S	T	E	W	A	R	T	E	V	A	N	S
H	X	K	N	G	N	Y	X	P	X	B	T	D	H	N	C
O	Q	E	E	N	I	C	P	C	C	P	B	Z	W	K	K
U	I	D	K	I	J	C	G	A	L	W	V	M	V	Z	K
I	I	J	J	B	V	G	Q	K	L	D	X	D	R	Y	C
N	V	P	I	E	R	R	E	T	U	R	G	E	O	N	A
A	N	D	Y	H	E	B	E	N	T	O	N	K	Q	U	P
R	K	N	V	B	E	J	O	N	C	O	O	P	E	R	V
D	J	A	R	O	S	L	A	V	H	A	L	A	K	M	B

ANDY HEBENTON
JAROSLAV HALAK
MIKE HOFFMAN
SEAN BURKE
THOMAS VANEK

GUY CHOUINARD
JON COOPER
PIERRE TURGEON
STEWART EVANS

Puzzle 34

G	J	T	Z	B	U	T	C	H	G	O	R	I	N	G	D
H	O	C	A	L	G	A	R	Y	F	L	A	M	E	S	A
L	P	K	T	E	R	R	Y	H	A	R	P	E	R	B	Y
W	B	E	Y	S	Z	L	C	D	R	C	Q	O	C	F	M
A	A	U	T	X	M	K	B	J	A	P	Y	N	Q	D	O
E	X	Y	T	E	M	I	Q	D	Q	L	G	S	A	H	N
Q	X	J	N	C	M	Q	K	R	Z	U	M	D	I	T	D
D	D	Y	H	E	H	A	T	E	M	D	Z	N	U	Z	L
U	J	R	C	T	C	B	H	J	M	P	J	K	T	Y	A
J	V	T	B	S	B	O	O	O	O	U	D	F	F	F	N
S	K	A	L	U	N	A	N	U	V	S	R	N	Z	Z	G
D	T	B	C	H	T	U	M	N	C	L	H	P	L	H	K
S	S	U	X	E	G	W	G	P	E	H	I	I	H	J	O
R	Q	O	H	J	P	X	S	B	C	L	A	C	E	Y	W
S	H	L	Q	G	A	F	L	W	X	D	L	R	H	A	K
H	V	C	S	O	Q	H	T	L	N	J	H	Y	D	S	R

BUTCH BOUCHARD
CALGARY FLAMES
MIKE MURPHY
T.J. OSHIE
WAYNE CONNELLY
BUTCH GORING
DAYMOND LANGKOW
PETE MAHOVLICH
TERRY HARPER

Puzzle 35

N	A	S	S	A	U	C	O	L	I	S	E	U	M	X	T
X	I	Y	H	E	O	H	E	B	J	T	R	J	E	Z	P
D	Y	J	A	D	E	I	U	O	X	D	F	C	M	K	L
C	P	C	P	P	Z	Q	U	B	Q	B	D	R	A	C	K
A	M	H	C	Q	E	C	U	B	Q	O	E	A	T	E	B
F	D	R	I	C	A	Q	A	Y	B	X	A	I	T	S	B
L	L	D	F	A	S	T	Z	O	Y	D	X	G	N	A	C
J	F	Y	B	I	L	L	Y	R	E	A	Y	M	I	R	Y
T	O	J	D	B	M	J	W	R	B	I	O	A	S	E	M
Z	Q	Q	K	L	R	H	U	L	K	H	I	C	K	M	W
S	E	C	O	S	K	A	T	E	S	K	C	T	A	A	E
R	A	Y	G	E	T	L	I	F	F	E	S	A	N	N	O
O	B	O	B	B	E	R	R	Y	N	R	G	V	E	I	U
J	Z	F	E	R	Y	E	I	W	G	S	U	I	N	A	N
G	Z	N	Z	Y	K	G	S	J	E	W	Z	S	Q	G	P
M	W	V	Q	J	F	P	U	B	X	K	S	H	C	O	Z

BILLY REAY
BOBBY ORR
CRAIG MACTAVISH
NASSAU COLISEUM
SKATES

BOB BERRY
CESARE MANIAGO
MATT NISKANEN
RAY GETLIFFE

Puzzle 36

H	B	I	L	L	G	O	L	D	S	W	O	R	T	H	Y
G	U	Q	Y	B	N	A	T	T	S	I	N	N	R	J	E
U	P	H	I	L	W	A	T	S	O	N	O	A	C	R	L
Y	B	D	Z	A	C	P	J	M	V	S	U	H	T	R	J
C	E	R	R	F	P	F	F	C	A	R	M	N	N	I	D
H	O	E	V	K	C	B	O	M	Y	E	E	M	Q	D	Y
A	P	W	L	J	R	N	E	H	N	C	P	Y	Y	Q	F
R	D	D	U	F	Q	V	B	O	L	S	A	R	L	H	S
R	R	O	I	L	E	L	H	L	Q	A	R	K	Q	S	P
O	T	U	N	T	L	E	E	X	T	U	Q	W	U	W	A
N	R	G	S	L	E	B	E	B	C	X	X	J	C	E	R
E	N	H	I	Z	U	E	W	X	M	N	A	Y	Z	Z	B
N	R	T	I	Z	R	C	E	F	J	S	V	C	D	G	M
A	A	Y	C	E	Z	L	E	J	S	F	X	Y	I	O	G
I	A	O	E	F	A	H	O	Z	E	E	B	G	P	V	R
G	D	M	T	H	O	C	K	E	Y	P	A	N	T	S	U

ALEX CURRY
BILL GOLDSWORTHY
DREW DOUGHTY
HOCKEY PANTS
STEVE MASON
BELL CENTRE
DON LUCE
GUY CHARRON
PHIL WATSON

Puzzle 37

T	W	G	K	L	Z	X	Q	U	M	U	A	W	N	G	A
N	S	R	G	M	J	B	P	L	M	L	L	E	D	A	X
G	N	D	C	R	P	O	B	E	X	A	E	D	V	R	Q
G	U	I	J	J	D	B	C	O	B	L	K	G	L	Y	S
K	B	T	Y	S	S	B	N	D	V	H	S	A	O	D	T
B	X	C	U	P	P	Y	Z	A	A	I	A	R	Q	O	L
P	A	U	F	R	P	H	S	N	L	S	N	L	E	R	O
Z	R	R	T	D	G	U	Y	D	E	H	D	A	R	N	U
V	E	T	R	J	K	L	M	U	R	E	E	P	F	H	I
G	W	B	E	Y	A	L	Y	R	I	A	R	R	N	O	S
B	B	E	R	E	G	B	F	A	B	W	B	A	F	E	B
H	K	N	X	M	Z	I	K	N	U	E	A	D	Y	F	L
O	W	N	P	A	P	W	B	D	R	B	R	E	D	E	U
W	A	E	V	X	O	L	V	B	E	E	K	J	K	R	E
D	T	T	C	S	W	A	T	R	S	R	O	X	W	W	S
R	Q	T	K	F	I	B	F	D	V	N	V	W	A	K	L

ALEKSANDER BARKOV
BOBBY HULL
EDGAR LAPRADE
LEO DANDURAND
ST LOUIS BLUES
BARRY GIBBS
CURT BENNETT
GARY DORNHOEFER
SHEA WEBER
VALERI BURE

Puzzle 38

X	R	O	N	W	I	L	S	O	N	N	H	U	X	C	R
H	C	W	R	H	S	T	X	Z	X	W	W	O	H	L	C
O	B	Y	N	C	I	F	O	Z	O	E	N	O	L	S	K
A	L	Z	T	M	B	C	B	U	K	A	M	O	E	C	Z
R	N	O	X	O	W	H	J	Y	M	T	R	V	I	C	P
X	R	H	R	E	D	F	U	W	H	R	Y	R	K	N	O
R	J	Y	C	N	J	D	O	K	A	P	T	M	O	R	I
U	B	V	A	H	E	B	M	C	U	A	P	M	B	P	E
A	Q	Z	N	N	Y	C	K	C	P	A	R	J	S	G	C
B	C	M	C	T	M	N	A	S	L	A	S	T	F	X	F
W	B	P	T	P	A	I	E	R	H	E	N	B	H	Q	B
Y	C	O	H	R	E	M	L	N	R	D	L	A	Z	F	J
I	C	A	F	S	A	K	E	L	B	C	O	L	I	O	W
S	I	N	S	J	D	L	Z	B	E	L	R	T	A	S	K
B	L	H	P	B	G	E	L	A	A	R	L	D	V	N	D
N	E	W	J	E	R	S	E	Y	D	E	V	I	L	S	U

FRANK CARROLL
JAMES PATRICK
NEW JERSEY DEVILS
RYAN MILLER
TODD MCLELLAN
GLEN HARMON
LORNE CARR
RON WILSON
SCOTTY BOWMAN

Puzzle 39

O	U	J	C	I	O	X	G	Z	E	N	P	P	Z	T	S
N	P	P	L	A	D	D	H	D	S	I	W	M	J	G	Y
T	H	A	D	H	R	B	F	X	I	Y	A	N	Y	A	Y
D	E	U	F	B	S	L	E	M	H	N	I	H	D	C	L
U	N	L	B	D	O	H	B	N	E	U	T	P	P	L	F
D	R	T	T	I	O	W	J	R	O	I	A	Z	A	F	E
B	I	H	Z	R	M	X	A	R	E	H	Q	T	V	R	G
I	R	O	R	T	E	S	D	K	Y	W	X	N	O	L	N
L	I	M	D	U	R	E	N	M	B	E	E	P	A	T	U
L	C	P	X	E	D	A	E	Y	H	I	L	R	R	E	K
G	H	S	G	U	C	O	J	N	N	Z	C	S	H	W	U
U	A	O	J	N	P	C	A	C	I	M	T	O	H	T	A
E	R	N	U	X	C	Y	Z	Y	J	N	U	B	F	D	V
R	D	D	E	J	R	E	M	O	B	B	N	J	O	A	I
I	Y	U	H	B	K	X	D	P	R	P	B	J	J	Z	V
N	J	W	F	R	A	N	K	F	I	N	N	I	G	A	N

BILL GUERIN
CARL BREWER
FRANK FINNIGAN
HENRI RICHARD
PAUL THOMPSON
BRYAN HEXTALL
DUNCAN KEITH
HAP DAY
JUDE DROUIN
ROGERS ARENA

Puzzle 40

N	P	X	C	O	H	O	L	Y	X	I	W	Q	R	L	Z
I	X	D	G	W	L	E	N	W	P	R	N	D	N	N	K
O	M	H	S	H	E	Q	D	S	G	A	R	E	E	R	V
E	X	O	L	Y	C	N	I	W	M	C	D	B	E	M	Z
P	L	B	C	A	N	L	D	E	E	N	I	Y	I	O	U
N	M	U	P	L	O	J	S	E	I	S	O	G	C	Q	F
A	A	E	C	P	I	I	D	L	L	N	T	O	S	T	C
R	G	I	G	W	W	N	R	A	R	C	H	F	G	Y	A
V	I	E	H	E	L	O	T	U	N	N	L	M	A	O	F
C	R	C	I	H	V	T	O	S	Q	N	M	A	X	L	S
G	U	D	K	E	S	C	O	G	M	H	Y	S	R	J	L
W	D	V	R	V	N	F	G	G	H	I	A	C	R	K	T
E	K	T	K	A	A	Q	S	R	H	J	T	E	O	E	X
E	Q	U	V	A	Q	I	U	I	X	Y	I	H	W	X	P
J	S	Y	N	N	X	C	V	S	L	P	U	D	F	A	K
T	X	T	Q	I	S	T	W	E	C	F	V	U	E	V	I

CLINT SMITH
ED WESTFALL
GREG POLIS
TREVOR LINDEN
YVAN COURNOYER

DANNY COX
EDDIE WISEMAN
RICK VAIVE
WENDEL CLARK

Puzzle 41

S	Z	J	C	J	F	O	O	V	O	K	J	M	J	R	K
G	E	D	E	N	N	I	S	M	A	R	U	K	E	Q	H
A	L	E	X	E	I	K	A	S	A	T	O	N	O	V	A
Z	K	S	C	P	X	O	Z	T	L	R	T	Z	C	R	O
Z	Q	A	Q	B	M	C	Z	Z	R	R	K	D	M	Z	I
G	O	P	Y	S	S	D	L	L	A	Y	N	H	U	V	B
D	Z	C	Y	D	Y	I	X	G	D	U	I	T	O	B	X
B	U	E	J	L	R	P	E	E	L	D	U	K	T	W	W
Q	U	N	K	H	V	K	N	S	B	O	F	F	E	W	E
M	P	T	N	C	I	N	A	U	C	L	Z	J	J	L	J
R	I	E	X	M	E	N	N	Y	T	P	K	P	C	T	J
N	G	R	G	K	S	T	L	Y	E	C	U	I	F	T	F
M	H	O	D	T	I	L	Y	F	F	G	V	H	R	K	Y
S	U	E	A	H	I	F	P	W	E	N	F	X	D	I	C
K	T	M	H	B	D	O	N	M	A	R	C	O	T	T	E
M	M	H	K	Z	Z	C	Q	I	C	C	Q	G	D	D	Y

ALEXEI KASATONOV
DENNIS MARUK
MARK HOWE
MIKE GARTNER
TED KENNEDY
BILLY COUTU
DON MARCOTTE
MATS NASLUND
SAP CENTER

Puzzle 42

P	P	B	R	O	M	E	O	O	N	M	E	L	Y	I	M
E	D	L	J	E	L	N	V	M	M	A	F	R	O	G	N
D	J	O	P	X	N	L	Q	V	K	T	D	Q	A	I	C
M	P	A	N	H	H	E	I	X	H	N	G	D	F	D	U
O	O	A	S	A	I	C	R	J	D	A	L	P	D	X	X
N	E	C	U	O	L	L	Z	O	O	N	B	R	K	V	H
T	L	T	V	L	N	D	H	Q	B	K	B	V	O	N	L
O	I	C	V	O	H	S	A	O	T	E	I	Z	P	D	P
N	O	Z	R	P	M	E	P	U	U	O	R	N	P	Q	A
O	R	J	U	S	C	B	N	E	D	S	U	T	E	Q	J
I	H	Q	V	G	V	W	D	D	Z	E	L	E	L	N	E
L	L	X	V	O	N	Z	V	Q	E	Z	T	E	S	W	Y
E	B	G	X	S	I	F	I	M	Q	R	A	T	Y	W	N
R	N	O	R	M	I	E	H	I	M	E	S	N	E	R	B
S	V	S	B	G	Q	A	Y	E	H	D	I	O	T	H	Y
K	E	V	I	N	S	T	E	V	E	N	S	O	N	Y	I

DONALD AUDETTE
JASON SPEZZA
NORMIE HIMES
PAUL HENDERSON
RENE ROBERT
EDMONTON OILERS
KEVIN STEVENS
OLLI JOKINEN
PHIL HOUSLEY

Puzzle 43

M	A	U	R	I	C	E	R	I	C	H	A	R	D	F	L
A	T	Z	B	S	D	R	I	I	X	R	G	P	L	J	V
R	L	M	C	E	I	A	Q	B	W	J	I	X	O	D	P
O	W	E	O	V	R	O	V	W	E	M	R	C	S	D	K
S	M	T	X	B	U	N	D	E	Y	A	H	S	K	P	A
S	B	W	R	O	I	R	I	A	P	K	E	R	H	J	S
L	F	I	I	G	V	L	H	E	I	O	E	U	L	S	L
O	P	Z	C	S	S	E	E	J	F	V	U	N	X	O	O
N	I	M	K	T	G	C	C	A	F	E	R	L	L	L	C
S	A	I	T	R	V	V	P	H	R	P	D	L	I	K	V
B	I	A	O	R	F	S	Y	K	K	E	H	E	V	N	P
E	K	E	C	U	Y	R	S	O	W	I	N	X	R	W	C
R	G	W	C	J	K	T	F	J	U	S	N	A	S	K	M
R	B	Z	H	L	R	O	N	E	L	L	I	S	K	K	O
Y	S	D	E	U	X	I	T	W	Q	C	P	J	O	O	O
E	B	W	T	V	N	L	U	R	P	E	F	X	I	Y	K

ALEX OVECHKIN
DAVE POULIN
MAURICE RICHARD
RON ELLIS
T-MOBILE ARENA
BERNIE FEDERKO
GEORGE HAY
RICK TOCCHET
ROSS LONSBERRY

Puzzle 44

X	W	M	C	U	E	C	E	Q	J	O	L	B	W	X	L
D	L	T	G	Z	H	J	Q	D	L	Q	A	Z	Q	V	V
S	T	A	N	M	I	K	I	T	A	N	Y	G	A	J	I
N	Z	Z	C	J	N	U	O	P	C	E	Y	T	W	Z	R
A	S	M	E	D	O	F	S	M	L	N	G	G	K	E	Q
S	I	W	F	G	C	H	R	T	T	N	A	J	N	T	N
S	N	L	B	T	C	E	N	S	I	T	E	D	D	R	U
D	H	Q	N	N	T	E	A	M	O	F	R	K	X	L	C
V	M	A	D	E	B	T	L	R	A	A	F	X	R	G	B
F	J	K	P	G	S	A	Y	Z	G	D	T	O	Z	C	G
Y	X	X	U	L	S	C	H	L	J	R	D	P	Z	R	C
Z	N	O	U	E	R	W	A	L	F	Y	X	E	F	Y	M
I	D	A	J	A	P	C	C	M	J	A	F	G	N	X	P
P	P	R	D	B	O	B	B	O	U	R	N	E	V	X	D
S	O	R	E	G	G	I	E	L	E	A	C	H	A	A	V
B	W	H	X	N	C	F	D	V	Y	X	K	G	W	Q	C

BOB BOURNE
CAL GARDNER
DOUG BENTLEY
PAUL STASTNY
REGGIE LEACH

BORJE SALMING
DARCY ROTA
JOHN MADDEN
PETER MCNAB
STAN MIKITA

Puzzle 45

Q	O	H	W	R	U	P	B	S	A	T	G	Q	F	J	F
Q	U	Y	U	I	S	N	N	W	Q	E	Y	Q	A	S	Y
R	O	D	K	C	F	K	I	N	G	C	I	D	C	S	S
D	I	W	O	K	K	A	J	A	S	M	U	G	R	W	C
M	C	T	R	M	T	X	Y	E	Q	B	A	A	B	A	J
H	H	N	B	A	O	G	U	N	R	N	T	J	G	T	I
I	R	Y	T	R	D	H	A	E	X	S	V	P	X	E	M
A	I	X	U	T	R	U	T	V	S	T	Z	U	Q	R	M
J	S	Z	J	I	P	E	N	A	Z	O	X	V	D	B	Y
V	P	Y	U	N	P	H	L	C	L	S	V	F	R	O	T
L	R	F	O	H	Q	L	F	E	W	Z	P	T	V	T	H
D	O	U	G	F	A	V	E	L	L	I	R	X	M	T	O
Z	N	R	C	D	N	M	Y	B	B	T	L	X	K	L	M
C	G	S	P	Z	B	Y	S	D	C	M	D	S	R	E	S
F	E	S	E	V	J	I	U	R	V	G	N	G	O	S	O
R	R	P	A	V	O	L	D	E	M	I	T	R	A	N	N

CHRIS PRONGER
DOUG FAVELL
JIMMY THOMSON
PETER BUDAJ
WATER BOTTLE
DALLAS STARS
DUNC WILSON
PAVOL DEMITRA
RICK MARTIN

Puzzle 46

W	Q	J	P	R	B	A	S	B	B	Y	Q	A	U	G	W
I	X	I	A	S	B	P	V	Z	I	F	K	G	E	G	U
L	T	M	M	L	U	Y	D	P	Y	J	F	N	M	H	Z
D	O	R	A	O	M	L	F	E	F	A	R	I	H	O	K
O	M	U	N	S	M	A	O	M	R	W	T	P	K	I	D
R	A	T	N	I	I	D	C	T	W	Q	N	F	G	E	G
L	S	H	Y	D	K	J	H	I	T	F	C	D	O	G	Q
A	S	E	L	N	E	C	T	N	N	H	I	S	S	J	U
R	A	R	E	E	G	Y	A	E	I	N	E	H	Q	A	Q
O	N	F	G	Y	R	Q	U	M	D	W	I	L	F	R	A
C	D	O	A	C	E	O	I	N	T	G	S	S	L	S	X
H	S	R	C	R	E	M	B	K	J	A	R	X	Z	E	D
E	T	D	E	O	N	A	P	V	Y	Q	L	E	N	G	R
L	R	Y	M	S	D	L	M	U	Q	C	F	B	E	G	J
L	O	Y	X	B	W	W	S	X	U	H	I	Y	O	N	F
E	M	W	M	Y	S	V	Z	H	Y	G	P	U	Z	T	G

AL MACINNIS
JIM RUTHERFORD
MIKE GREEN
SIDNEY CROSBY
TOMAS SANDSTROM

CAM TALBOT
MANNY LEGACE
OTT HELLER
TED GREEN
WILDOR LAROCHELLE

Puzzle 47

I	V	V	H	P	Z	S	K	V	F	N	L	F	B	T	W
M	I	Q	C	P	X	O	Z	P	Z	K	A	A	R	G	D
A	N	N	Z	M	X	E	Q	K	K	D	U	T	Y	T	A
R	N	R	V	T	I	F	J	R	E	W	I	L	A	E	V
C	Y	D	M	V	F	K	Y	R	K	J	W	W	N	P	I
E	P	V	I	E	D	M	E	I	P	Y	S	M	M	P	D
L	R	D	B	C	D	A	J	R	E	R	V	Y	C	O	P
P	O	B	A	E	K	W	O	N	I	T	K	E	C	N	A
R	S	G	M	N	T	R	O	Y	J	D	M	X	A	U	S
O	P	C	S	Q	B	L	E	C	Y	R	L	X	B	M	T
N	A	P	Q	O	A	Y	T	D	G	M	B	E	E	M	R
O	L	R	B	M	W	F	L	K	M	O	K	T	Y	I	N
V	O	O	N	A	P	L	V	S	Q	O	F	N	R	N	A
O	V	A	I	L	I	D	J	U	M	O	N	V	I	E	K
S	D	I	B	H	B	R	O	M	H	A	U	D	X	N	Y
T	F	L	E	M	I	N	G	M	A	C	K	E	L	L	M

BRYAN MCCABE
DAN MALONEY
DICK REDMOND
MARCEL PRONOVOST
TEPPO NUMMINEN
DAN BYLSMA
DAVID PASTRNAK
FLEMING MACKELL
MIKE RIDLEY
VINNY PROSPAL

Puzzle 48

U	W	A	K	H	H	S	B	S	L	T	G	G	D	T	N
C	S	P	D	L	S	W	G	H	I	I	M	F	A	A	D
A	H	Q	H	V	N	W	A	E	W	G	I	W	H	L	U
W	I	U	Y	E	C	A	R	U	G	Y	C	A	V	A	S
W	N	Z	G	H	L	T	R	A	O	Y	K	N	L	I	T
F	P	F	Z	G	S	L	Y	L	A	L	E	D	C	N	I
L	A	K	I	K	S	B	U	M	S	I	Y	R	H	V	N
Y	D	H	R	A	X	C	N	A	B	F	R	E	R	I	B
B	S	A	E	Y	X	X	G	C	N	J	O	I	I	G	Y
Q	M	D	X	R	C	X	E	A	L	R	A	M	S	N	F
D	T	S	C	F	N	S	R	D	A	O	C	A	O	E	U
C	Q	U	O	D	E	E	K	A	Q	D	H	R	S	A	G
G	T	K	M	E	R	I	A	M	C	Z	F	K	G	U	L
V	K	C	K	S	B	U	F	K	Q	S	Y	O	O	L	I
J	U	E	L	I	U	E	H	W	J	T	L	V	O	T	E
D	L	A	K	Q	E	S	N	D	O	S	G	I	D	U	N

AL MACADAM
ANDREI MARKOV
DUSTIN BYFUGLIEN
MARK STREIT
SHIN PADS
ALAIN VIGNEAULT
CHRIS OSGOOD
GARRY UNGER
MICKEY ROACH

Puzzle 49

Z	E	D	N	M	H	B	G	K	C	D	G	N	L	F	I
Q	T	P	F	Z	I	A	F	O	W	A	V	K	J	L	B
U	H	B	P	H	B	K	F	M	U	Q	I	Z	M	D	R
Z	L	U	K	A	C	R	E	R	I	N	V	O	J	B	U
W	J	F	E	B	T	V	E	R	X	T	N	R	Q	G	A
G	E	F	D	Q	I	B	V	N	I	J	W	W	A	N	V
Y	A	A	D	T	S	L	U	S	T	B	L	I	O	W	J
U	N	L	I	P	Y	X	L	R	I	A	E	B	L	W	M
N	P	O	E	Y	I	I	X	Y	N	D	S	I	X	M	Y
Z	E	S	S	N	B	J	K	G	R	S	A	H	R	R	B
B	R	A	H	G	T	V	V	E	C	E	R	B	T	O	X
D	R	B	O	K	E	L	Z	B	Y	T	A	X	E	O	O
I	O	R	R	P	O	S	C	K	A	G	O	Y	M	L	N
H	N	E	E	D	O	U	G	M	A	C	L	E	A	N	K
H	A	S	N	V	K	U	H	I	C	E	M	E	H	S	V
X	H	N	F	J	C	A	F	Q	U	Y	V	C	D	F	H

BILLY REAY
BUFFALO SABRES
EDDIE SHORE
MIKE RIBEIRO
SID ABEL
BRENT ASHTON
DOUG MACLEAN
JEAN PERRON
PAT BURNS

Puzzle 50

H	K	C	M	D	U	T	C	H	R	E	I	B	E	L	I
P	M	I	C	H	A	E	L	R	Y	D	E	R	K	H	H
G	N	A	U	A	C	Y	Z	O	F	A	P	A	S	U	U
G	M	B	A	R	R	Y	P	E	D	E	R	S	O	N	A
G	A	V	I	C	H	A	D	F	I	E	L	D	G	R	D
M	R	B	G	V	F	J	Y	S	B	U	K	Q	X	O	A
P	T	C	N	I	X	I	K	H	I	E	R	L	C	G	N
B	I	O	C	C	D	M	C	Q	L	P	C	I	B	E	I
C	N	O	B	C	P	H	P	V	L	T	F	K	R	R	E
N	B	P	F	N	Q	E	Z	Q	G	C	S	B	A	N	L
G	I	C	Y	B	J	N	Q	J	A	D	T	U	D	E	S
K	R	B	P	B	K	R	K	B	D	I	Q	U	P	I	E
I	O	X	W	X	V	Y	Y	V	S	O	T	J	A	L	D
Q	N	H	U	O	Q	C	U	P	B	X	U	U	R	S	I
D	F	C	P	A	R	G	I	L	Y	F	Z	F	K	O	N
E	O	Z	T	V	F	J	L	O	D	J	M	Q	W	N	O

BARRY PEDERSON
BRAD PARK
DUTCH REIBEL
MARTIN BIRON
ROGER NEILSON
BILL GADSBY
DANIEL SEDIN
JIM HENRY
MICHAEL RYDER
VIC HADFIELD

Puzzle 51

U	L	L	E	O	B	O	U	R	G	E	A	U	L	T	J
I	L	R	S	C	C	E	D	I	K	D	S	U	A	P	T
G	H	E	R	B	I	E	L	E	W	I	S	Z	H	Y	O
L	U	I	A	F	W	R	S	Z	R	C	H	B	A	S	Z
R	W	Y	A	N	I	C	P	E	R	R	E	A	U	L	T
R	W	J	A	I	T	E	S	S	X	E	E	L	Z	L	O
M	U	R	R	A	Y	H	E	N	D	E	R	S	O	N	J
Y	E	Q	H	S	X	N	O	J	R	V	C	M	V	F	M
T	E	R	R	Y	M	U	R	R	A	Y	J	V	U	B	Q
Y	U	A	F	K	E	N	H	O	D	G	E	C	I	Z	A
Q	U	H	J	Z	X	L	E	M	T	D	R	Y	E	Q	N
R	W	L	Z	Y	P	N	O	O	W	K	S	Z	H	Z	F
W	R	H	B	R	I	A	N	B	E	L	L	O	W	S	K
F	A	L	E	X	A	N	D	E	R	E	D	L	E	R	D
T	Y	K	E	D	D	I	E	W	A	R	E	S	P	P	M
G	R	L	Z	M	G	G	X	V	V	A	C	P	L	R	J

ALEXANDER EDLER
EDDIE WARES
KEN HODGE
MURRAY HENDERSON
YANIC PERREAULT

BRIAN BELLOWS
HERBIE LEWIS
LEO BOURGEAULT
TERRY MURRAY

Puzzle 52

P	R	U	D	E	N	T	I	A	L	C	E	N	T	E	R
I	J	A	S	O	N	P	O	M	I	N	V	I	L	L	E
R	G	M	W	B	F	A	C	I	F	R	P	R	O	X	N
O	M	O	A	B	H	Y	Z	W	U	N	A	S	S	H	R
L	X	E	R	R	W	K	I	U	V	B	F	O	R	X	A
A	Y	U	T	K	C	T	A	F	F	Y	I	Z	H	R	P
N	J	B	B	R	R	E	B	O	N	D	E	H	P	A	Q
D	B	U	W	O	O	A	L	D	R	J	G	J	L	N	Q
M	P	K	Z	O	B	P	V	B	E	P	W	N	F	D	T
E	B	U	U	A	O	B	R	C	O	M	G	J	A	Y	L
L	P	E	L	V	X	E	Y	Y	H	N	W	A	H	M	K
A	G	L	K	L	X	O	L	H	S	U	I	M	N	A	Z
N	J	O	W	O	N	Z	Q	A	O	T	K	N	W	N	E
S	B	O	O	H	B	J	D	E	Y	L	A	P	U	E	M
O	B	R	Z	U	K	B	U	N	Y	A	I	I	Y	R	P
N	L	C	O	E	T	V	G	E	P	Z	D	K	K	Y	T

BOBBY HOLIK
JASON POMINVILLE
METRO PRYSTAI
RANDY MANERY
IGOR KRAVCHUK
MARCEL BONIN
PRUDENTIAL CENTER
ROLAND MELANSON

Puzzle 53

X	A	N	D	Y	B	A	T	H	G	A	T	E	P	R	B
Z	B	W	K	I	R	K	M	C	L	E	A	N	X	Z	E
G	M	U	R	R	A	Y	O	L	I	V	E	R	U	R	S
G	R	W	O	I	A	U	X	Z	P	R	Z	R	S	W	W
Y	R	P	E	T	E	S	T	E	M	K	O	W	S	K	I
B	O	V	D	F	K	N	R	M	C	E	H	U	Z	B	Y
V	J	G	A	T	O	M	M	Y	I	V	A	N	R	Q	E
O	U	A	J	R	M	A	T	Z	E	V	O	S	X	N	M
H	U	W	M	Z	R	A	D	E	R	E	K	K	I	N	G
H	J	T	T	I	C	A	M	F	O	W	L	E	R	A	P
N	I	M	P	U	E	L	M	F	H	F	P	E	G	D	D
X	X	N	T	X	T	B	K	R	D	X	M	X	O	P	Q
D	U	K	Z	J	Z	P	E	N	K	E	Y	C	V	E	N
Y	E	P	O	U	Y	H	J	N	C	K	B	L	L	F	Y
Z	N	C	A	D	A	P	I	L	N	B	F	R	G	V	R
X	D	E	T	Q	V	U	A	Y	B	P	J	O	K	L	C

ANDY BATHGATE
DEREK KING
KIRK MCLEAN
PETE STEMKOWSKI
CAM FOWLER
JAMIE BENN
MURRAY OLIVER
TOMMY IVAN

Puzzle 54

E	C	H	A	R	L	I	E	G	A	R	D	I	N	E	R
L	W	J	A	C	K	D	A	R	R	A	G	H	N	U	J
Z	L	I	N	B	O	B	B	Y	R	Y	A	N	L	S	R
Y	A	F	U	Q	M	O	E	Y	H	Y	X	L	Z	S	L
V	R	A	S	M	I	K	W	O	I	E	T	W	G	S	S
X	R	N	K	V	K	F	K	Z	B	R	R	S	D	E	E
Z	Y	Z	K	H	E	R	B	C	A	I	N	R	I	E	S
L	R	E	J	R	K	M	Z	C	P	P	A	R	G	R	G
V	O	K	K	A	E	U	Y	F	R	U	R	E	K	I	D
Z	B	O	K	C	E	O	P	L	G	A	G	P	J	H	Q
C	I	P	Z	P	N	X	B	E	B	R	N	Z	I	G	K
L	N	I	X	F	A	C	T	N	O	U	O	P	B	X	Z
B	S	T	H	D	N	A	O	E	C	U	O	J	P	Y	F
D	O	A	R	X	K	S	G	O	K	M	O	Y	Q	O	P
O	N	R	M	S	Y	O	Q	N	E	O	E	O	L	Q	T
V	O	P	Q	T	A	C	F	G	T	L	W	P	L	B	S

ANZE KOPITAR
CHARLIE GARDINER
HERB CAIN
LARRY ROBINSON
SKATE GUARDS

BOBBY RYAN
GEORGE GEE
JACK DARRAGH
MIKE KEENAN
TYSON BARRIE

Puzzle 55

Y	R	M	U	R	R	A	Y	M	U	R	D	O	C	H	B
L	A	R	R	Y	H	I	L	L	M	A	N	E	E	Z	R
S	C	O	T	I	A	B	A	N	K	A	R	E	N	A	A
M	J	J	D	O	B	W	V	Q	G	W	V	K	O	X	Y
O	O	A	B	F	M	V	A	Q	Z	C	W	R	M	H	D
T	N	C	U	B	L	S	T	A	N	S	M	Y	L	F	E
U	A	K	A	J	E	R	E	L	E	H	T	I	N	E	N
S	T	A	X	K	L	C	T	M	U	I	A	T	T	X	S
D	H	D	B	D	F	B	P	U	J	R	Q	D	V	M	C
L	A	A	K	O	H	Y	P	Q	O	W	R	L	M	I	H
I	N	M	T	O	M	A	S	J	O	N	S	S	O	N	E
K	T	S	N	R	R	Y	F	G	T	R	I	P	D	L	N
I	O	J	O	H	N	K	L	I	N	G	B	E	R	G	N
R	E	U	P	S	P	C	N	S	I	M	T	H	O	R	T
J	W	M	L	V	V	C	N	L	H	J	C	L	M	M	M
A	S	F	K	H	F	S	M	T	R	I	C	V	U	R	A

BRAYDEN SCHENN
JERE LEHTINEN
JONATHAN TOEWS
MURRAY MURDOCH
STAN SMYL
JACK ADAMS
JOHN KLINGBERG
LARRY HILLMAN
SCOTIABANK ARENA
TOMAS JONSSON

Puzzle 56

J	R	S	S	H	P	O	N	C	C	O	R	C	K	S	L
A	M	I	N	R	Z	C	A	I	J	F	T	X	A	O	M
C	D	K	C	A	O	S	O	R	C	W	B	I	U	A	R
Q	Q	E	D	H	P	D	R	T	G	K	L	Z	D	R	N
U	B	N	W	X	A	S	G	Y	C	E	M	O	I	A	F
E	X	H	S	G	J	R	C	I	K	Y	X	E	F	B	B
S	Y	I	S	N	A	J	D	I	L	K	V	Q	T	Y	O
L	E	T	K	S	I	K	R	B	B	B	B	L	O	Z	B
E	X	C	Y	L	K	T	D	C	R	I	E	X	Y	V	P
M	H	H	J	D	A	X	K	O	R	O	W	R	E	C	U
A	W	C	X	P	I	D	K	U	I	L	D	R	T	C	L
I	O	O	K	J	U	Z	W	N	U	F	V	E	O	Q	F
R	N	C	L	E	O	B	O	I	V	I	N	T	U	O	O
E	N	K	W	W	V	L	F	P	W	G	T	L	D	R	R
L	Z	X	V	K	V	R	K	H	Z	X	Z	S	N	A	D
E	W	K	C	O	R	Y	S	C	H	N	E	I	D	E	R

BOB PULFORD
JACQUES LEMAIRE
LEO BOIVIN
PATRIK ELIAS
ROD GILBERT
CORY SCHNEIDER
KEN HITCHCOCK
NICK METZ
RICHARD BRODEUR

Puzzle 57

X	L	A	D	V	I	B	E	K	N	F	H	S	F	L	S
K	S	H	R	E	Q	W	J	H	N	U	N	O	S	O	E
D	F	M	J	S	J	B	K	L	O	R	E	Z	N	G	R
O	R	D	H	S	C	Y	Q	Z	U	C	O	O	M	A	G
U	U	B	K	B	N	O	I	B	Y	H	M	V	U	N	E
G	Q	L	M	A	G	G	T	E	Q	M	Y	A	N	C	S
I	V	Q	N	D	Z	N	L	T	I	K	E	Q	U	O	A
E	V	T	P	C	E	I	Y	R	Y	T	D	M	D	U	V
H	U	L	E	R	A	V	C	C	E	O	G	S	E	T	A
A	B	L	B	B	P	C	N	N	H	G	U	P	C	U	R
M	Y	Z	E	V	M	O	U	M	I	Q	L	N	G	R	D
I	K	C	P	D	Q	R	S	H	L	G	K	N	G	E	Z
L	A	G	A	U	B	H	D	Y	M	Z	Q	E	K	J	H
T	X	R	U	D	C	W	Z	L	L	W	S	U	M	Y	J
O	B	X	U	A	Q	D	A	U	F	P	K	X	P	W	Q
N	X	M	H	R	I	O	S	A	Z	X	I	N	U	D	R

ACE BAILEY
BRENT BURNS
LOGAN COUTURE
SCOTT YOUNG
BRAD MCCRIMMON
DOUGIE HAMILTON
MUD BRUNETEAU
SERGE SAVARD

Puzzle 58

H	O	Y	B	T	J	M	U	F	F	F	S	S	S	D	F
T	T	Z	P	H	W	V	K	X	U	D	M	R	J	U	M
O	P	E	T	E	P	E	E	T	E	R	S	E	O	W	A
R	I	C	K	M	A	C	L	E	I	S	H	G	H	Y	R
B	O	G	V	E	B	B	U	X	B	V	G	G	N	P	T
R	J	O	E	S	I	M	P	S	O	N	L	I	C	Q	I
U	G	O	V	C	L	H	B	L	E	T	E	E	A	C	N
C	N	D	Z	L	L	U	O	K	R	U	N	L	R	A	H
E	P	Y	J	Y	Y	H	C	P	N	O	S	E	L	Y	A
C	K	Q	R	C	S	O	Q	J	J	N	K	M	S	K	V
A	F	J	V	M	T	W	O	R	X	B	O	E	O	C	L
S	V	H	W	J	U	L	K	P	L	F	V	L	N	N	A
S	R	E	G	H	A	M	I	L	T	O	N	I	G	U	T
I	D	P	E	D	R	O	L	U	R	M	K	N	Y	I	X
D	P	A	A	Q	T	N	H	Y	O	M	E	E	R	H	H
Y	M	E	A	S	Q	J	W	U	S	F	V	C	F	U	P

BILLY STUART
GLEN SKOV
JOHN CARLSON
PETE PEETERS
REGGIE LEMELIN

BRUCE CASSIDY
JOE SIMPSON
MARTIN HAVLAT
REG HAMILTON
RICK MACLEISH

Puzzle 59

X	T	R	A	J	W	K	I	R	H	I	U	A	M	C	V
B	R	O	Q	L	B	S	X	L	K	H	N	J	W	D	B
D	X	Y	M	X	E	A	J	J	K	I	S	C	Y	M	S
A	I	W	T	A	Z	C	C	O	U	T	T	Q	L	Q	H
R	A	M	T	P	S	W	C	G	E	Y	D	W	D	C	C
R	P	N	A	G	P	V	E	O	Y	M	B	I	I	W	E
Y	P	G	D	J	E	S	O	R	N	U	U	N	G	Y	Z
L	F	F	T	F	R	R	R	K	E	N	R	R	F	K	D
S	T	L	J	E	D	E	R	E	O	G	E	Q	P	F	V
U	C	H	L	L	P	Q	V	G	M	U	I	L	U	H	E
T	E	Y	A	Y	R	Y	U	H	L	M	N	Q	L	V	Y
T	T	Q	E	T	L	A	Y	Q	N	E	F	D	I	F	P
E	X	R	O	M	U	S	H	M	A	R	C	H	J	E	I
R	O	G	R	E	G	G	S	H	E	P	P	A	R	D	I
C	I	J	L	X	V	K	V	E	V	I	V	D	Y	Y	J
U	J	S	N	N	N	A	B	G	S	G	T	M	M	B	B

ALEC CONNELL
DARRYL SUTTER
JOE MURPHY
TOMAS VOKOUN
COREY PERRY
GREGG SHEPPARD
MUSH MARCH
TYLER SEGUIN

Puzzle 60

H	J	D	L	V	B	Z	A	N	P	K	E	K	V	L	C
F	P	H	P	S	S	C	S	P	X	G	J	I	W	L	J
F	S	Q	F	R	B	C	V	M	Q	R	E	N	P	T	O
D	C	J	P	P	A	R	I	S	E	K	A	G	C	Q	H
A	O	D	N	V	P	S	L	K	M	V	N	C	U	A	N
V	T	K	E	D	I	C	J	H	J	Y	B	L	Y	L	V
I	T	P	X	N	K	D	S	L	E	O	E	A	I	L	A
D	Y	G	Q	W	I	E	E	D	F	O	L	N	P	A	N
B	B	C	L	X	R	S	F	O	L	W	I	C	H	N	B
A	O	P	S	C	W	D	P	T	C	Z	V	Y	N	S	O
C	W	S	K	E	N	U	M	O	L	O	E	Z	R	T	X
K	M	Y	B	R	W	G	T	I	T	Z	A	I	R	A	M
E	A	O	G	F	D	N	P	H	M	V	U	C	D	N	E
S	N	F	C	B	Z	U	M	A	V	J	I	H	H	L	E
W	U	K	S	W	I	U	J	F	C	W	A	N	B	E	R
E	D	A	V	E	C	R	E	I	G	H	T	O	N	Y	D

ALLAN STANLEY
DAVID BACKES
J.P. PARISE
JOHN VAN BOXMEER
SCOTTY BOWMAN
DAVE CREIGHTON
DENIS POTVIN
JEAN BELIVEAU
KING CLANCY
VIDEO COACH

Puzzle 61

G	B	L	A	N	N	Y	M	C	D	O	N	A	L	D	U
E	8	3	W	V	D	A	R	E	N	P	U	P	P	A	A
O	P	N	7	X	1	0	X	Q	Z	6	N	I	T	K	Y
R	N	D	2	X	E	O	O	B	8	I	A	L	C	V	T
G	D	P	X	K	U	H	W	K	C	3	T	E	9	B	V
E	J	O	E	K	L	U	K	A	Y	E	R	L	J	1	S
O	H	T	2	H	4	P	O	R	Q	O	B	O	F	P	R
D	H	I	7	3	W	7	5	K	H	P	Q	T	3	G	O
O	7	D	E	A	N	P	R	E	N	T	I	C	E	C	M
N	Q	U	K	G	H	U	T	W	D	0	O	C	M	I	A
O	O	9	I	O	P	E	4	P	6	1	Z	D	G	W	N
G	W	8	R	M	P	4	X	B	S	R	F	G	5	X	J
H	S	Y	D	A	N	N	Y	L	E	W	I	C	K	I	O
U	S	Y	A	K	D	T	U	H	H	G	9	J	G	C	S
E	M	1	K	Z	0	M	L	9	K	P	Q	9	A	E	I
2	B	O	B	M	U	R	D	O	C	H	1	9	4	6	G

BOB MURDOCH (1946)
DAREN PUPPA
GEORGE O'DONOGHUE
LANNY MCDONALD
ROMAN JOSI
DANNY LEWICKI
DEAN PRENTICE
JOE KLUKAY
PETE HORECK

Puzzle 62

D	T	H	B	D	V	H	W	Y	T	O	A	M	P	B	E
E	S	P	L	D	A	V	I	D	P	E	R	R	O	N	T
P	D	F	L	A	S	H	H	O	L	L	E	T	T	S	B
A	R	K	V	E	R	I	C	S	T	A	A	L	J	Y	E
T	G	D	E	J	Y	B	C	L	B	Z	O	O	I	H	Z
R	R	I	A	I	Z	Y	E	F	I	U	N	X	Q	R	T
I	W	O	W	N	T	T	F	D	D	Y	N	U	H	T	P
C	X	Z	Y	Z	Y	H	A	L	M	A	C	N	E	I	L
K	N	L	J	W	T	H	Y	G	A	I	E	P	Z	P	M
K	Y	V	Q	W	O	M	E	A	D	M	P	T	E	C	R
A	B	X	D	Q	S	R	S	A	N	I	T	Q	O	U	Q
N	A	D	K	Y	T	H	T	C	T	D	F	R	D	D	F
E	W	E	P	Q	Z	O	W	E	W	L	L	Y	M	B	N
P	J	N	Y	L	C	I	V	T	R	K	E	E	N	J	Y
K	F	Q	A	S	E	A	V	F	K	S	A	Y	N	D	Y
C	F	T	R	R	D	P	Q	J	M	P	L	C	O	S	N

AL MACNEIL
DAVE TIPPETT
ERIC STAAL
KEITH YANDLE
ROY WORTERS

DANY HEATLEY
DAVID PERRON
FLASH HOLLETT
PATRICK KANE

Puzzle 63

E	J	D	N	H	J	H	J	Q	U	B	R	J	N	S	I
N	E	M	O	M	I	D	T	J	K	Q	F	R	R	L	L
O	D	K	I	N	U	P	A	Y	Y	L	I	N	D	X	Y
U	D	C	K	X	R	A	Q	K	Q	M	J	V	D	K	A
Z	I	I	A	U	X	A	B	T	A	R	V	W	J	M	K
A	E	A	X	M	J	D	L	H	P	V	S	Q	X	P	O
L	G	Q	S	K	W	O	A	E	X	T	Y	K	N	J	V
A	E	L	U	O	D	A	E	H	I	J	O	E	N	Z	A
R	R	M	U	L	R	O	R	C	K	G	L	M	B	R	L
B	A	L	Y	G	S	I	N	D	A	L	H	K	U	D	C
O	R	Q	Q	N	S	S	R	C	U	R	J	R	R	V	H
U	D	U	B	T	V	A	D	M	H	L	V	Q	I	K	U
R	T	D	U	R	I	P	E	O	F	E	B	E	D	T	K
B	C	A	Z	J	Z	O	M	I	B	E	R	W	T	E	V
L	A	C	Z	D	J	B	B	Y	G	T	O	R	X	H	G
J	W	A	L	E	X	T	A	N	G	U	A	Y	Y	M	V

AL ARBOUR
CAM WARD
DON RALEIGH
ILYA KOVALCHUK
JOE MULLEN
ALEX TANGUAY
DON CHERRY
EDDIE GERARD
JOE CARVETH

Puzzle 64

V	N	I	K	L	A	S	B	A	C	K	S	T	R	O	M
D	O	N	L	P	J	J	X	Y	P	I	U	M	W	E	W
L	K	K	B	E	E	O	E	B	S	L	S	V	L	G	X
X	B	R	E	R	B	Y	H	Q	Q	D	P	G	T	U	E
J	M	Q	U	I	I	U	M	N	M	Q	V	T	W	Q	T
A	A	F	P	C	T	A	D	O	M	T	K	P	V	P	Y
C	R	V	U	N	E	H	N	P	B	U	E	J	C	N	J
K	K	R	Z	E	F	D	P	L	O	G	C	F	L	U	Q
S	G	F	Y	S	Z	H	S	R	E	I	U	K	T	X	K
T	I	K	O	T	V	C	V	A	I	E	L	O	L	T	G
E	O	C	I	E	D	G	O	P	N	M	T	E	X	E	Z
W	R	G	A	R	I	T	X	B	U	D	E	C	D	W	R
A	D	C	L	E	F	L	Y	S	A	G	F	A	H	W	R
R	A	J	K	N	L	Y	H	A	I	E	T	O	U	W	C
T	N	R	B	K	E	N	H	N	U	K	M	O	R	T	F
I	O	R	S	O	J	P	P	G	H	A	G	O	S	D	D

BRIAN LEETCH
ED SANDFORD
JACK STEWART
KEITH PRIMEAU
NIKLAS BACKSTROM
BUD POILE
ERIC NESTERENKO
JOHN MUCKLER
MARK GIORDANO

Puzzle 65

F	F	H	P	B	R	A	D	R	I	C	H	A	R	D	S
K	V	C	A	T	O	E	B	L	A	K	E	E	R	J	F
F	G	R	M	K	F	I	W	I	S	A	L	H	T	K	K
G	O	F	O	J	O	W	N	V	D	L	A	N	L	D	E
K	T	Q	S	B	J	T	E	L	U	J	E	H	N	P	V
R	H	G	A	U	E	O	O	M	Y	S	O	E	E	K	I
R	H	L	R	N	Y	R	K	Q	N	F	N	A	I	L	N
X	A	G	B	H	J	R	T	A	F	A	U	D	W	P	M
W	D	Z	O	O	I	K	H	R	P	K	L	C	W	N	C
N	T	K	U	K	G	O	V	A	E	D	R	O	P	U	C
E	P	K	R	U	J	F	K	M	D	I	F	A	F	E	A
K	N	N	R	N	S	I	W	D	S	A	C	C	U	H	R
J	O	J	A	M	M	Q	W	J	P	Y	N	H	B	K	T
M	W	Y	R	A	A	S	N	E	Q	Y	X	L	E	W	H
O	R	O	S	Q	I	B	Q	C	M	Z	J	Z	I	L	Y
V	U	I	O	I	O	T	L	A	B	O	H	A	T	Z	G

AMOS ARBOUR
BRAD RICHARDS
HEAD COACH
KEVIN MCCARTHY
KIRK MULLER
ROBERT REICHEL
RYAN JOHANSEN
SAMI KAPANEN
TOE BLAKE

Puzzle 66

L	G	N	R	S	A	D	L	R	R	W	E	D	J	N	A
B	I	L	L	C	O	O	K	J	X	I	S	Y	E	T	S
K	C	K	D	O	P	S	T	I	H	C	F	Q	F	Y	B
N	U	K	P	D	B	S	G	F	X	V	B	O	R	Z	D
E	Q	Z	R	O	S	K	P	J	I	L	L	V	G	D	F
K	P	F	G	Q	P	E	K	P	D	N	A	B	Z	S	N
A	J	L	I	F	K	Y	Q	I	L	N	Y	Z	M	H	R
E	F	H	C	A	G	H	V	S	Y	D	H	O	W	E	W
Z	T	P	I	V	R	O	D	S	E	I	L	I	N	G	U
P	L	I	O	N	E	L	H	I	T	C	H	M	A	N	P
H	S	T	E	V	E	V	I	C	K	E	R	S	F	Y	T
Y	Q	T	Z	B	H	Y	P	M	Y	W	J	E	P	P	Y
M	Z	L	B	O	S	T	O	N	B	R	U	I	N	S	S
I	L	Y	A	B	R	Y	Z	G	A	L	O	V	N	E	A
U	N	B	B	R	Q	R	V	K	F	L	Z	R	S	Z	Z
K	H	Z	Q	J	Z	P	S	S	B	P	R	T	G	T	G

BILL COOK
ILYA BRYZGALOV
ROD SEILING
SYD HOWE
BOSTON BRUINS
LIONEL HITCHMAN
STEVE VICKERS
JILL

Puzzle 67

O	C	H	R	I	S	T	E	R	R	E	R	I	D	E	B
B	C	N	O	M	A	W	E	D	T	W	T	F	M	F	S
X	D	U	I	U	I	I	P	A	X	K	F	L	Q	X	T
T	C	B	L	C	E	K	C	P	U	R	G	O	M	X	E
N	H	J	O	L	K	X	E	O	T	F	V	Y	N	Q	V
O	A	H	V	B	Y	L	G	R	C	G	B	D	O	S	E
R	R	N	R	D	B	D	I	T	I	H	L	S	A	R	L
M	L	W	S	I	D	Y	A	B	O	C	V	M	T	P	A
I	I	C	R	C	E	N	R	H	E	P	H	I	O	Q	R
E	E	B	A	K	V	Z	S	O	L	T	V	T	K	L	M
S	H	I	D	D	H	K	E	P	U	S	T	H	E	Z	E
M	O	A	O	U	E	F	X	K	L	S	T	X	Q	R	R
I	D	L	A	F	N	O	E	D	F	Q	S	R	A	N	A
T	G	V	W	F	T	L	S	B	P	X	W	E	O	J	K
H	E	Q	D	U	X	S	B	R	S	F	D	W	A	M	L
L	L	Z	O	R	E	X	F	X	F	D	W	M	M	U	M

BOBBY ROUSSEAU
CHRIS TERRERI
DICK DUFF
MIKE RICHTER
NORMIE SMITH
CHARLIE HODGE
CULLY DAHLSTROM
FLOYD SMITH
NICK LIBETT
STEVE LARMER

Puzzle 68

G	T	E	R	N	R	Q	D	C	N	L	F	Y	Y	Y	A
C	A	W	F	H	F	N	K	S	N	Z	E	D	N	O	Q
A	T	W	C	E	Z	O	Y	G	A	N	Q	O	F	V	I
P	V	A	Z	Y	H	N	C	A	N	M	S	D	O	Z	J
Z	Y	M	Q	I	D	T	Z	E	C	D	E	R	Q	W	L
M	H	M	J	Q	Q	E	K	T	I	C	E	A	H	Q	O
I	C	R	A	R	G	C	N	V	B	H	F	T	R	N	S
K	G	F	B	R	M	D	A	N	C	A	I	W	W	H	Z
E	N	X	M	N	C	D	Z	U	E	M	G	Y	N	M	K
B	Q	C	O	K	B	T	K	O	S	N	A	L	P	P	V
U	R	D	S	O	P	A	A	Y	H	D	Y	H	C	Y	C
L	Q	F	B	Z	T	F	B	R	P	E	O	P	R	J	N
L	A	P	D	I	Q	B	V	A	D	W	V	K	P	C	G
A	H	J	K	I	O	I	H	U	J	I	E	N	R	T	W
R	N	I	K	B	I	R	Q	W	E	A	F	A	S	Y	T
D	N	J	G	P	A	N	N	S	F	P	T	K	T	X	I

BOB DAVIDSON
CY DENNENY
HAP DAY
MIKE BULLARD
BOBBY SMITH
DON MCKENNEY
MARC TARDIF
NIKITA KUCHEROV

Puzzle 69

E	V	G	E	N	Y	K	U	Z	N	E	T	S	O	V	Z
J	A	C	G	X	J	C	S	G	M	R	O	T	J	Z	G
B	I	L	C	O	C	R	M	I	U	T	M	R	M	E	Z
G	O	S	E	X	R	C	O	E	Q	U	J	I	J	A	G
L	D	B	E	X	Q	D	B	M	T	Y	T	A	M	X	H
E	I	A	B	X	L	P	I	E	A	N	A	Z	X	Q	V
N	E	H	A	Y	F	E	I	E	A	N	E	B	F	R	N
N	C	W	Y	D	S	Q	V	T	D	W	T	W	L	B	X
A	L	P	C	A	D	C	Y	I	M	R	L	U	H	I	E
N	E	A	G	K	X	N	H	S	N	A	I	Z	R	N	P
D	G	R	X	O	O	I	E	M	M	S	R	L	D	E	O
E	H	R	X	T	J	I	F	X	A	V	K	T	L	B	K
R	O	P	M	B	L	X	E	A	N	U	C	Y	I	O	A
S	R	F	S	Y	T	T	N	Y	J	J	T	G	A	N	N
O	N	X	C	B	A	B	E	D	Y	E	R	Z	I	Z	T
N	O	K	N	E	C	H	Z	U	U	U	A	O	M	F	H

ALEX LEVINSKY
BOBBY SCHMAUTZ
GLENN ANDERSON
ODIE CLEGHORN
ROMAN TUREK

BABE DYE
EVGENY KUZNETSOV
GORDIE DRILLON
PIT MARTIN
TONY TANTI

Puzzle 70

R	I	C	B	S	P	Q	E	J	D	Q	B	F	B	I	I
Y	T	O	M	C	O	O	K	P	Q	D	H	B	R	M	X
E	C	A	W	W	W	N	H	L	O	K	S	J	E	A	Z
I	R	R	I	C	K	B	O	W	N	E	S	S	N	R	I
A	A	O	C	V	U	J	L	E	T	B	R	I	T	C	L
R	I	M	R	L	F	P	P	P	K	R	X	F	S	A	Q
X	G	P	P	G	P	A	I	N	T	S	A	R	E	N	A
C	R	U	T	S	H	S	C	J	O	X	O	Q	A	D	Y
I	A	O	R	B	R	H	W	G	K	W	Y	J	B	R	R
H	M	S	L	U	M	P	M	N	A	T	A	A	R	E	A
G	S	D	E	L	U	E	P	U	E	V	R	Z	O	F	I
P	A	X	P	H	B	W	Y	G	A	P	J	N	O	L	N
D	Y	M	O	T	P	O	F	O	F	V	A	D	K	E	W
D	A	L	E	H	A	W	E	R	C	H	U	K	I	U	Z
T	K	F	H	O	M	I	K	E	M	I	L	B	U	R	Y
D	J	O	H	N	R	O	S	S	R	O	A	C	H	Y	Z

BRENT SEABROOK
DALE HAWERCHUK
MARC-ANDRE FLEURY
PPG PAINTS ARENA
TOM COOK
CRAIG RAMSAY
JOHN ROSS ROACH
MIKE MILBURY
RICK BOWNESS

Puzzle 71

G	E	R	R	Y	C	H	E	E	V	E	R	S	T	G	X
J	S	V	V	T	K	O	C	U	I	H	S	V	D	K	J
R	R	J	G	T	I	F	G	Y	Z	D	L	O	U	J	N
F	B	T	O	R	O	W	M	S	Y	R	H	I	M	N	P
I	Q	E	Y	E	J	E	A	P	E	L	S	H	A	K	Z
M	H	Z	L	T	P	M	B	L	O	A	Y	V	R	D	R
U	O	O	J	L	Z	A	L	L	T	A	I	O	C	K	E
X	G	W	O	N	M	I	V	S	A	L	J	B	E	F	O
O	C	Q	A	L	H	T	C	E	L	K	X	M	L	E	V
G	T	D	F	S	E	I	S	U	L	Z	E	S	D	O	E
I	I	D	A	X	V	Y	S	P	K	S	N	Q	I	W	B
L	J	N	M	K	J	E	S	L	L	C	K	I	O	Q	Y
Q	O	L	F	Z	K	C	I	M	O	A	L	I	N	K	G
J	S	M	A	I	P	M	B	R	I	Z	C	C	N	J	N
B	X	X	M	P	B	N	S	F	R	T	G	E	E	W	G
T	W	S	M	I	C	V	P	F	V	T	H	N	K	L	Z

BELL MTS PLACE
HOOLEY SMITH
JONAS HILLER
MIKE SULLIVAN
VIC STASIUK

GERRY CHEEVERS
JOE PAVELSKI
MARCEL DIONNE
TOE BLAKE

Puzzle 72

Y	X	F	P	B	F	B	P	I	N	S	F	S	N	E	N
X	E	J	K	N	L	K	U	I	F	I	D	T	P	I	T
M	O	C	V	X	S	H	V	V	L	D	M	B	T	N	K
A	W	Q	O	B	L	R	K	S	K	U	R	R	A	E	G
R	W	S	N	Q	I	L	D	O	R	L	A	V	S	A	L
K	J	R	Z	K	T	M	X	E	I	M	I	J	E	R	E
U	Q	M	C	C	U	R	D	K	S	L	F	T	K	L	N
S	L	I	E	D	Z	T	R	E	L	C	D	I	K	R	N
N	D	H	I	D	W	X	U	U	E	L	I	R	C	O	R
A	P	W	X	Z	H	Q	S	I	T	J	P	U	A	B	E
S	D	T	R	P	C	E	Y	V	A	V	A	J	R	I	S
L	E	X	Z	A	V	R	O	W	N	Y	H	R	R	N	C
U	L	L	J	E	Q	I	P	X	G	K	T	W	O	S	H
N	F	T	T	P	E	T	R	N	E	D	V	E	D	O	P
D	R	S	D	H	L	D	N	G	O	S	Y	F	Q	N	V
E	J	A	C	Q	U	E	S	P	L	A	N	T	E	V	Y

DICK IRVIN
GLENN RESCH
JACQUES PLANTE
MARKUS NASLUND
STEVE SULLIVAN
EARL ROBINSON
JACQUES MARTIN
KRIS LETANG
PETR NEDVED

Puzzle 73

Q	M	I	K	E	M	O	D	A	N	O	Z	D	P	P	Q
P	Y	D	B	A	Q	Y	W	U	I	H	D	Z	A	T	B
A	V	Y	X	R	K	R	J	B	V	I	X	N	T	O	U
U	H	L	W	A	Q	O	R	D	K	T	T	H	E	N	S
L	N	D	Y	I	R	O	G	R	K	Q	K	Q	G	Y	H
C	Z	S	Y	C	Y	T	O	I	D	N	A	N	A	G	E
O	Z	P	J	D	J	V	C	Z	G	O	R	H	N	R	R
F	G	C	C	D	E	A	I	H	J	A	D	R	A	A	J
F	O	V	Y	R	Y	M	V	J	A	F	X	Q	L	N	A
E	M	P	T	I	X	N	B	X	Z	P	R	D	P	A	C
Y	K	B	I	L	L	H	I	C	K	E	M	P	K	T	K
T	E	R	R	Y	C	R	I	S	P	B	H	A	J	O	S
U	Z	O	H	J	V	X	N	F	T	C	V	V	N	I	O
K	Q	M	I	C	H	E	L	T	H	E	R	R	I	E	N
R	D	N	S	L	Q	X	K	U	B	O	C	U	U	A	J
B	K	G	V	V	T	H	A	Y	G	T	W	I	F	L	Q

ART CHAPMAN
BUSHER JACKSON
MIKE MODANO
PAUL COFFEY
TONY GRANATO

BILL HICKE
MICHEL THERRIEN
PAT EGAN
TERRY CRISP
TREVOR KIDD

Puzzle 74

A	J	E	A	N	P	R	O	N	O	V	O	S	T	B	K
J	O	E	V	9	T	O	N	Z	B	V	P	L	I	2	1
T	P	A	T	L	A	F	O	N	T	A	I	N	E	Y	C
R	E	D	B	E	R	E	N	S	O	N	0	0	8	5	L
C	L	R	S	C	O	T	T	H	A	R	T	N	E	L	L
J	A	N	R	X	K	H	P	I	F	7	P	V	A	9	X
7	S	M	E	Y	L	Y	G	0	O	T	A	1	K	M	A
M	7	I	N	P	O	2	M	O	S	3	T	F	L	2	I
C	4	Z	D	E	N	R	C	F	U	8	Q	6	6	6	J
H	S	I	E	S	E	6	E	8	9	C	U	N	5	F	9
P	2	C	9	0	M	L	G	I	F	S	I	Q	Q	B	F
G	9	A	X	Z	O	I	Y	M	L	7	N	R	E	F	I
E	7	N	0	Z	Y	0	T	Y	5	L	N	L	P	F	T
Y	O	B	E	F	I	9	W	H	B	J	Y	P	1	S	Y
5	J	I	M	M	Y	P	E	T	E	R	S	1	9	2	2
C	B	R	E	N	D	A	N	S	H	A	N	A	H	A	N

BRENDAN SHANAHAN
JEAN PRONOVOST
PAT LAFONTAINE
RED BERENSON
SID SMITH
CAM NEELY
JIMMY PETERS (1922)
PAT QUINN
SCOTT HARTNELL
TERRY O'REILLY

Puzzle 75

B	M	M	A	R	K	S	C	H	E	I	F	E	L	E	V
R	M	C	R	O	D	L	A	N	G	W	A	Y	G	D	S
Y	G	I	C	K	L	B	S	P	V	L	T	L	U	E	E
A	S	A	L	J	Z	K	F	S	X	E	X	G	S	E	S
N	O	G	L	A	C	Z	S	T	L	B	H	Q	M	P	E
T	C	U	I	U	N	Z	J	U	H	N	P	Y	O	Y	Z
R	O	Y	P	U	V	H	O	T	B	X	E	C	R	L	V
O	B	J	D	U	C	G	E	J	Q	L	J	Y	T	P	S
T	L	R	P	E	L	I	B	J	T	J	A	U	S	T	B
T	F	K	E	E	N	P	C	R	D	J	D	B	O	H	Y
I	R	K	H	D	U	N	A	A	X	U	K	B	N	Z	X
E	U	C	V	J	K	H	E	E	B	E	K	K	K	L	N
R	I	E	C	J	B	E	X	N	Y	L	G	S	E	D	Q
M	P	N	V	O	V	Q	L	J	Y	R	R	F	W	W	F
P	M	R	B	O	T	O	X	L	M	M	I	Y	S	P	G
A	U	X	P	Y	K	X	B	H	Y	B	D	Z	F	H	Q

BOB HARTLEY
CY DENNENY
MARK SCHEIFELE
MILAN HEJDUK
RED KELLY
BRYAN TROTTIER
GUS MORTSON
MICHEL GOULET
PUCKS
ROD LANGWAY

Puzzle 76

Y	V	A	C	G	Z	E	O	L	T	V	H	N	G	C	I
W	L	T	B	E	X	L	D	B	V	P	D	P	M	Z	X
R	J	P	N	E	N	A	X	V	F	C	E	L	T	O	O
O	O	P	X	L	N	C	N	M	A	T	Y	O	A	V	D
G	H	Y	Z	O	P	B	J	D	L	N	B	X	E	M	H
E	N	J	K	C	P	W	I	B	R	A	I	T	Z	D	W
R	N	L	N	A	D	K	F	S	H	E	J	M	C	Z	R
C	Y	R	Q	L	L	Y	B	C	H	X	W	X	P	N	M
R	G	P	N	A	T	P	E	O	T	O	Z	L	Q	E	A
O	A	I	Q	L	R	N	U	Q	Z	A	P	K	A	L	E
Z	U	W	E	S	R	O	N	M	U	R	P	H	Y	D	A
I	D	N	B	O	B	U	K	W	S	E	T	W	Z	C	D
E	R	Y	L	D	U	K	B	K	J	V	U	L	F	B	J
R	E	M	I	L	T	S	C	H	M	I	D	T	T	M	C
A	A	H	N	Z	J	O	H	N	T	O	N	E	L	L	I
G	U	R	X	B	Q	J	I	W	F	U	J	F	D	W	Q

ANDREW LADD
ED VAN IMPE
JOHNNY GAUDREAU
MILT SCHMIDT
RON MURPHY
BEN BISHOP
JOHN TONELLI
LORNE CHABOT
ROGER CROZIER

Puzzle 77

T	I	P	E	K	E	N	D	R	Y	D	E	N	1	9	M
O	R	O	B	E	R	T	S	V	E	H	L	A	E	O	0
M	3	I	D	C	3	N	Y	2	O	C	O	O	1	B	T
B	C	G	N	C	6	J	7	9	Y	X	X	D	B	L	0
L	K	L	5	Z	H	4	Z	1	R	L	K	3	A	A	5
A	F	L	A	S	T	I	C	K	T	A	P	E	R	K	3
D	U	4	S	U	Y	K	T	E	1	4	H	P	R	E	N
O	Y	J	F	R	D	S	U	M	N	D	Y	H	Y	W	X
N	E	O	A	Z	6	E	3	9	I	H	M	I	M	H	O
2	2	X	H	P	1	N	R	G	K	O	C	L	E	E	9
R	6	9	C	L	E	I	L	U	C	R	O	M	L	E	Q
W	K	M	P	Z	4	T	5	E	E	S	V	Y	R	L	2
W	Y	K	3	O	L	5	0	I	2	L	H	R	O	E	J
L	B	5	D	E	0	0	S	2	3	P	G	E	S	R	O
W	1	A	I	Y	D	X	H	H	J	4	D	N	E	3	J
3	J	Q	E	D	F	G	K	7	7	3	2	X	W	D	1

BARRY MELROSE
CLAUDE RUEL
PHIL MYRE
STICK TAPE
BLAKE WHEELER
KEN DRYDEN
ROBERT SVEHLA
TOM BLADON

Puzzle 78

S	E	A	R	L	I	N	G	A	R	F	I	E	L	D	W
W	Y	P	A	U	L	M	A	C	L	E	A	N	P	X	H
V	N	L	E	S	T	E	R	P	A	T	R	I	C	K	F
L	O	R	N	E	F	E	R	G	U	S	O	N	N	L	L
Y	F	N	A	Q	Z	F	Z	B	K	S	P	O	T	I	A
X	X	H	B	F	N	U	I	Q	M	H	T	D	D	S	X
D	O	U	G	H	A	R	V	E	Y	S	I	C	D	E	A
X	X	Y	V	O	P	J	C	P	L	M	O	L	U	Y	H
Z	I	R	X	I	T	M	V	O	H	J	X	L	A	G	T
H	E	L	V	B	G	N	R	C	K	P	Y	K	O	R	I
I	R	E	W	W	Z	N	S	R	S	A	K	J	B	W	O
X	B	B	D	B	A	T	V	Z	F	X	T	M	Z	P	R
W	V	S	U	I	L	U	X	T	L	O	S	Z	I	F	D
I	M	E	R	I	E	R	I	C	L	I	N	D	R	O	S
I	H	B	M	D	O	S	W	W	D	G	S	P	N	J	V
Q	Y	C	U	B	E	R	T	C	O	R	B	E	A	U	W

BERT CORBEAU
DOUG HARVEY
ERIC LINDROS
LORNE FERGUSON
PAUL MACLEAN
BRIAN ROLSTON
EARL INGARFIELD
LESTER PATRICK
MILT SCHMIDT

Puzzle 79

U	U	J	H	E	G	H	W	O	J	N	O	X	C	N	I
T	U	O	M	O	D	D	L	M	A	J	K	P	F	D	X
E	N	E	I	J	W	D	A	W	C	B	F	D	J	F	E
R	P	L	Y	K	B	I	I	V	J	R	V	U	B	F	T
R	U	Q	S	Y	O	S	E	E	I	M	G	D	M	E	G
Y	N	U	C	G	B	W	G	M	S	D	U	R	S	O	R
O	C	E	V	G	W	B	P	B	O	H	G	W	L	X	L
R	H	N	O	U	O	D	J	O	R	R	A	I	X	V	T
E	I	N	G	Y	Y	N	K	B	S	C	E	C	L	N	F
I	M	E	V	W	T	Q	N	G	L	H	A	N	K	L	T
L	L	V	X	D	O	J	J	A	O	O	C	B	Z	C	J
L	A	I	J	L	W	K	T	I	U	X	N	Z	E	V	M
Y	C	L	P	Y	I	A	S	N	V	L	A	G	V	X	C
O	H	L	V	A	C	G	L	E	N	M	U	R	R	A	Y
J	C	E	N	V	H	J	X	Y	M	B	N	T	Y	B	U
D	Y	W	C	U	R	T	I	S	J	O	S	E	P	H	F

BOB GAINEY
CURTIS JOSEPH
EDDIE SHACK
HOWIE MORENZ
PUNCH IMLACH
BOB WOYTOWICH
DAVID GILL
GLEN MURRAY
JOEL QUENNEVILLE
TERRY O'REILLY

Puzzle 80

J	E	S	J	L	Z	L	C	Q	B	H	M	B	I	H	U
C	C	S	P	Q	F	P	G	H	P	Z	J	K	N	P	M
T	I	O	U	A	N	A	W	P	E	M	S	X	D	A	E
Y	O	Z	O	I	T	U	M	M	Q	O	R	E	O	T	Q
A	Y	D	A	N	E	R	O	A	K	R	N	T	N	R	U
A	F	E	D	P	E	G	I	C	B	I	R	N	M	I	U
T	B	I	A	B	T	Y	I	C	R	Y	I	A	A	C	A
L	K	M	C	T	E	M	W	U	K	D	J	G	R	K	M
X	L	I	O	J	K	R	O	E	N	R	V	R	S	S	W
X	A	C	C	C	W	B	T	U	I	Z	O	D	H	H	P
T	S	O	I	A	A	B	S	U	M	L	Z	Y	A	A	K
X	F	N	L	S	P	S	J	C	Z	T	A	G	L	R	Z
N	X	F	Y	T	T	X	A	Y	Q	Z	I	N	L	P	Y
D	G	R	P	A	T	K	S	P	U	R	I	W	D	M	N
E	A	Y	M	J	S	E	Q	E	I	Q	Q	M	M	V	W
G	I	L	B	E	R	T	P	E	R	R	E	A	U	L	T

COONEY WEILAND
GARY SABOURIN
MATS SUNDIN
PATRICK ROY
SCOTT GOMEZ
DON MARSHALL
GILBERT PERREAULT
NICK MICKOSKI
PATRICK SHARP
TODD BERTUZZI

Puzzle 81

O	W	E	N	N	O	L	A	N	I	Q	I	L	M	S	N
H	M	E	L	H	I	L	L	K	H	Z	H	F	N	Y	V
I	K	I	A	I	Y	L	Q	Y	V	D	W	E	K	L	U
D	J	Q	Z	U	N	S	V	M	U	X	I	B	Y	V	O
E	A	M	P	Y	S	S	L	S	Q	R	A	E	H	A	L
R	W	M	I	K	E	L	I	U	T	E	L	D	C	I	H
I	W	F	S	I	I	D	P	D	R	D	R	Q	L	N	W
A	J	O	J	P	I	M	T	L	A	O	X	P	G	T	T
N	E	P	L	X	I	F	I	R	F	B	N	A	F	U	L
H	D	O	K	D	L	K	B	N	H	X	E	E	Q	R	W
A	V	B	M	K	C	N	A	L	Q	N	Y	L	K	G	U
T	E	J	G	E	A	R	K	X	C	N	X	Q	C	E	D
C	A	K	H	I	L	C	R	F	N	F	M	H	X	O	V
H	G	A	R	L	N	B	Q	C	S	Q	K	Y	T	N	O
E	D	B	I	C	Z	F	D	I	C	T	I	Z	A	E	F
R	R	B	J	U	S	T	I	N	S	C	H	U	L	T	Z

BILL RANFORD
DERIAN HATCHER
JUSTIN SCHULTZ
MIKE LIUT
SID ABEL

BRIAN BRADLEY
HEC KILREA
MEL HILL
OWEN NOLAN
SYLVAIN TURGEON

Puzzle 82

J	S	E	D	M	O	N	D	B	O	U	C	H	A	R	D
W	I	D	W	Z	Z	L	J	F	V	D	W	I	K	W	H
C	Z	I	N	G	N	C	K	K	O	D	I	H	Q	I	D
L	P	C	G	J	L	R	S	T	R	E	N	T	C	K	E
I	E	K	I	N	E	B	O	J	P	B	N	M	L	E	N
U	E	I	R	C	S	K	S	A	Q	S	I	D	A	W	N
X	E	R	O	Q	Y	P	T	V	Q	O	P	M	U	X	I
O	G	V	N	V	P	D	W	Y	S	B	E	U	D	P	S
T	W	I	T	A	A	W	O	K	W	L	G	X	E	L	W
N	B	N	L	P	O	Y	V	K	T	S	J	P	G	E	I
R	L	Y	N	M	Y	L	T	T	L	N	E	I	I	Z	D
H	S	I	J	B	W	U	B	G	X	X	T	K	R	C	E
S	H	P	A	T	R	I	G	G	I	N	S	W	O	Z	M
S	J	L	B	M	K	F	H	N	T	U	Q	G	U	H	A
P	B	I	L	L	M	O	S	I	E	N	K	O	X	S	N
V	Q	H	A	K	A	N	L	O	O	B	X	L	S	Z	S

BILL MOSIENKO
DENNIS WIDEMAN
EDMOND BOUCHARD
PAT RIGGIN
SYL APPS JR.
CLAUDE GIROUX
DICK IRVIN
HAKAN LOOB
SHIN PAD TAPE
WINNIPEG JETS

Puzzle 83

W	D	X	G	L	C	R	A	I	G	B	E	R	U	B	E
W	B	S	L	Q	A	E	B	Q	E	Y	P	Z	W	P	T
X	T	V	G	O	D	E	V	A	N	D	U	B	N	Y	K
S	P	T	P	T	U	Y	A	G	V	A	S	A	K	Y	D
A	N	S	D	F	H	F	S	G	Q	M	H	H	P	G	J
Z	N	W	E	A	A	E	O	O	S	W	M	H	H	X	O
Y	M	P	S	Y	N	M	O	N	Q	F	P	U	Z	A	H
M	C	B	U	A	S	B	A	F	T	E	D	L	J	O	N
T	A	L	Z	X	W	T	O	L	L	I	L	B	B	N	S
A	X	X	O	A	L	P	V	Y	I	E	N	D	E	F	O
G	A	B	F	I	O	I	G	N	L	E	U	A	D	T	R
K	S	M	H	H	F	H	R	U	D	E	A	R	T	M	R
J	V	W	A	G	K	S	A	P	J	F	M	R	Y	O	E
V	G	A	Y	E	S	T	E	W	A	R	T	V	E	T	L
O	T	R	I	C	K	M	I	D	D	L	E	T	O	N	L
O	S	E	M	Y	O	N	V	A	R	L	A	M	O	V	A

AMALIE ARENA
DAN BOYLE
GAYE STEWART
LOU FONTINATO
SEMYON VARLAMOV
CRAIG BERUBE
DEVAN DUBNYK
JOHN SORRELL
RICK MIDDLETON
THEO FLEURY

Puzzle 84

BABE SIEBERT	BALDY NORTHCOTT
DALLAS SMITH	JOHN FERGUSON
KIMMO TIMONEN	LARRY CAHAN
LARRY MURPHY	MIKE KEENAN
STEVE SHUTT	TAYLOR HALL

Puzzle 85

V	B	B	U	D	D	Y	O	C	O	N	N	O	R	Z	P
J	J	O	H	N	N	Y	P	E	I	R	S	O	N	N	C
C	E	K	F	R	Y	L	R	T	G	M	I	C	O	B	H
A	Y	R	E	R	A	Y	F	E	R	R	A	R	O	O	A
M	B	N	R	P	U	B	A	T	K	Y	D	F	X	B	R
A	Q	O	C	Y	X	G	F	Q	E	C	N	R	B	M	L
T	P	V	B	E	T	W	P	L	X	B	T	F	I	A	I
K	M	H	V	F	L	O	S	P	A	R	K	C	A	C	E
I	Y	C	M	N	R	M	P	J	H	W	Q	J	Y	M	C
N	O	A	J	Z	A	O	L	P	A	S	Z	F	V	I	O
S	K	Y	P	W	T	T	E	B	A	H	E	Y	X	L	N
O	Y	X	K	L	J	N	Z	S	P	Z	Q	I	L	L	A
N	X	C	K	J	D	W	T	A	E	N	Z	Z	U	A	C
X	I	L	C	F	H	C	I	T	G	K	W	I	V	N	H
R	L	T	I	M	E	C	C	L	E	S	T	O	N	E	E
V	H	V	A	W	K	V	L	J	T	E	F	Q	O	I	R

BOB FROESE
BUDDY O'CONNOR
CHARLIE CONACHER
JOHNNY PEIRSON
RICK WAMSLEY
BOB MACMILLAN
CAM ATKINSON
JERRY TOPPAZZINI
RAY FERRARO
TIM ECCLESTONE

Puzzle 86

L	L	C	M	H	N	L	M	K	F	K	X	E	R	M	R
S	O	G	R	A	N	T	W	A	R	W	I	C	K	A	P
J	U	S	T	I	N	W	I	L	L	I	A	M	S	R	A
I	I	D	J	S	L	D	K	A	Z	F	D	V	O	T	T
P	E	M	O	G	K	P	R	X	I	X	A	M	B	I	R
R	R	Z	E	B	Y	E	L	Y	G	G	R	V	H	N	I
U	I	G	M	N	A	R	I	B	G	B	R	L	Y	S	C
H	K	F	A	J	E	O	X	I	Y	L	Y	H	A	T	K
U	S	S	L	S	L	K	P	R	P	H	L	Z	D	L	M
Y	S	M	O	C	J	L	T	B	A	E	S	M	R	O	A
C	O	S	N	X	D	B	R	C	L	R	U	K	G	U	R
K	N	B	E	J	U	G	H	L	F	H	T	H	L	I	L
G	G	W	Q	S	T	Q	O	D	F	A	T	Q	L	S	E
T	A	N	S	O	I	M	R	H	Y	S	E	N	H	T	A
R	O	T	W	G	S	E	Z	H	G	T	R	F	N	C	U
T	X	U	G	U	Y	L	A	F	L	E	U	R	G	O	A

DARRYL SUTTER
GUY LAFLEUR
JUSTIN WILLIAMS
MARTIN ST. LOUIS
ZIGGY PALFFY
GRANT WARWICK
JOE MALONE
LOUI ERIKSSON
PATRICK MARLEAU

Puzzle 87

Z	W	A	L	T	M	C	K	E	C	H	N	I	E	P	O
G	G	P	S	V	Y	J	P	E	R	I	L	J	M	M	I
E	M	E	E	A	P	H	I	L	K	E	S	S	E	L	X
R	A	T	R	K	Y	J	I	Q	I	Y	V	P	V	N	L
R	T	E	G	B	O	B	N	Y	S	T	R	O	M	H	Y
Y	T	R	E	S	B	E	C	F	A	P	Y	E	N	Z	B
D	I	L	I	E	H	F	O	X	J	B	V	B	C	B	Y
E	A	A	S	R	S	I	Z	B	F	H	F	P	T	Y	E
S	S	V	A	G	X	A	Q	W	U	Y	S	U	J	D	H
J	O	I	M	E	C	M	N	S	D	N	Q	C	P	J	W
A	H	O	S	I	A	T	T	J	L	O	C	E	Z	P	L
R	L	L	O	Z	M	A	A	Y	A	N	E	O	O	D	K
D	U	E	N	U	Z	M	X	T	V	I	V	P	O	T	Q
I	N	T	O	B	P	U	P	G	N	G	V	U	H	K	G
N	D	T	V	O	F	X	U	D	P	W	G	D	H	A	Y
S	X	E	R	V	I	L	J	D	D	F	F	M	A	W	F

BOB NYSTROM
GERRY DESJARDINS
PETER LAVIOLETTE
SERGEI SAMSONOV
WALT MCKECHNIE
BUN COOK
MATTIAS OHLUND
PHIL KESSEL
SERGEI ZUBOV

Puzzle 88

M	O	O	S	E	V	A	S	K	O	W	N	N	F	G	U
S	G	T	M	E	L	U	E	Y	C	H	Y	E	S	N	S
R	M	T	W	F	J	C	Y	N	E	A	S	O	P	R	G
C	X	W	V	W	U	N	O	U	R	R	I	V	E	O	D
L	A	U	U	L	E	E	F	R	E	L	N	G	O	M	R
S	I	P	G	O	K	W	U	Y	E	O	N	M	P	E	R
Y	Q	S	Q	E	I	M	M	H	S	A	Y	U	T	K	C
R	K	M	V	S	Y	R	C	K	R	D	U	N	Q	W	Z
U	P	A	E	O	E	S	C	K	N	B	E	V	D	N	S
A	D	M	R	L	I	A	R	A	S	C	Q	N	J	F	E
M	S	T	Y	R	J	O	T	B	A	D	D	H	T	M	B
I	O	T	H	T	Y	X	Y	D	T	U	J	M	F	B	W
A	C	C	R	W	X	O	N	G	N	B	X	S	A	G	F
D	I	A	E	C	X	O	Q	A	O	K	X	M	H	U	C
L	X	N	H	Z	H	H	Y	G	W	Y	E	P	T	C	H
F	R	E	D	E	R	I	K	A	N	D	E	R	S	E	N

ANDY MOOG
CHRIS CHELIOS
FREDERIK ANDERSEN
MOOSE VASKO
TROY MURRAY
ART JACKSON
DAVE KEON
HONDA CENTER
NEW YORK RANGERS
TYLER MYERS

Puzzle 89

R	D	R	L	T	C	Z	E	T	R	M	U	B	N	D	K
O	A	E	E	Y	O	G	Z	N	H	G	F	N	O	H	I
N	L	D	I	R	W	G	O	B	C	U	I	O	A	V	D
S	E	S	L	D	U	T	D	P	Y	U	N	E	M	B	G
T	M	U	J	G	X	B	V	S	Q	E	I	G	M	Z	C
A	C	L	T	J	V	Y	Q	T	D	J	A	A	T	L	A
C	C	L	P	C	P	J	A	D	H	O	F	V	Y	Z	U
K	O	I	C	A	J	P	A	S	M	E	V	X	Y	V	G
H	U	V	K	N	V	F	T	B	E	W	U	O	L	Q	Z
O	R	A	I	K	C	T	O	N	Y	A	M	O	N	T	E
U	T	N	A	M	I	U	H	W	Z	Y	Z	Q	E	R	P
S	Z	X	M	U	Z	N	Y	X	C	J	U	Z	J	L	F
E	F	I	S	L	H	I	O	B	L	X	G	X	N	O	K
S	J	E	R	I	K	K	A	R	L	S	S	O	N	D	D
V	E	K	E	N	S	C	H	I	N	K	E	L	T	U	Z
H	A	C	H	T	O	B	Y	E	N	S	T	R	O	M	P

DALE MCCOURT
JIM MCFADDEN
PAT QUINN
RON STACKHOUSE
TONY AMONTE

ERIK KARLSSON
KEN SCHINKEL
RED SULLIVAN
TOBY ENSTROM

Puzzle 90

D	B	V	N	A	A	K	L	D	B	U	Y	O	X	P	H
X	F	R	A	N	K	B	O	U	C	H	E	R	N	V	D
G	E	O	R	G	E	S	M	A	N	T	H	A	R	E	P
T	K	W	C	S	Q	H	F	L	S	A	P	D	O	C	L
W	A	R	R	E	N	G	O	D	F	R	E	Y	M	E	K
R	J	A	C	O	B	M	A	R	K	S	T	R	O	M	T
O	D	A	V	E	A	N	D	R	E	Y	C	H	U	K	J
I	I	B	I	G	S	L	M	U	M	R	R	D	Z	T	Z
H	P	A	U	L	M	A	U	R	I	C	E	D	T	G	S
Z	R	L	J	H	V	Z	Y	D	M	Z	I	Q	W	P	A
J	E	A	N	G	U	Y	G	E	N	D	R	O	N	P	A
K	B	S	G	T	I	N	Y	T	H	O	M	P	S	O	N
B	I	L	L	W	H	I	T	E	F	K	Y	Q	L	G	U
Z	S	J	O	H	N	M	C	K	E	N	Z	I	E	U	Y
M	D	S	Z	P	V	X	U	O	Y	O	Y	G	W	R	W
E	K	N	R	L	G	K	K	Q	X	B	F	A	K	C	A

BILL WHITE
FRANK BOUCHER
JACOB MARKSTROM
JOHN MCKENZIE
TINY THOMPSON
DAVE ANDREYCHUK
GEORGES MANTHA
JEAN-GUY GENDRON
PAUL MAURICE
WARREN GODFREY

Puzzle 91

Z	V	Z	L	V	O	R	W	G	U	W	A	K	D	Y	E
I	K	R	B	Y	P	O	K	I	K	J	S	L	W	G	V
V	E	J	E	R	N	E	Q	J	P	F	T	L	A	H	K
V	V	G	R	G	I	N	T	U	N	R	M	Z	L	Z	M
B	I	Z	W	A	G	A	P	E	L	L	E	I	N	C	R
J	N	I	S	O	N	I	N	A	G	F	I	H	A	Y	Y
S	H	W	B	L	O	D	E	R	T	R	E	Y	W	O	H
R	A	Z	N	R	Z	D	Y	F	A	R	E	M	V	M	Q
N	T	O	D	V	C	S	Y	C	L	F	I	E	E	H	M
A	C	V	V	R	X	A	Z	D	A	E	A	C	N	K	V
M	H	S	X	C	J	R	C	F	U	R	M	L	K	U	Z
L	E	G	H	L	F	Y	P	C	T	M	L	I	S	L	N
P	R	E	J	A	N	Q	J	I	W	F	A	Y	N	K	T
Y	Y	L	E	B	C	D	W	G	K	F	K	R	L	G	I
R	F	Y	N	B	O	B	C	A	R	P	E	N	T	E	R
H	L	V	C	T	A	D	P	O	C	W	I	W	B	A	N

BOB CARPENTER
KEVIN HATCHER
PETE GREEN
REGGIE FLEMING

BRIAN RAFALSKI
LYNN PATRICK
RANDY CARLYLE
WOODY DUMART

Puzzle 92

D	P	N	M	I	K	E	P	A	L	M	A	T	E	E	R
C	U	E	Y	C	R	F	N	P	R	Q	L	N	N	T	U
W	E	E	U	V	R	C	F	N	M	A	R	V	O	J	P
C	N	C	K	W	G	C	U	H	S	U	S	X	N	F	I
R	F	I	I	G	E	E	T	S	O	D	B	X	P	L	E
Q	D	K	Q	L	X	X	O	M	R	N	P	B	E	A	M
U	W	Y	K	X	D	H	L	A	P	X	M	R	T	H	I
A	E	X	D	T	N	I	W	W	N	C	Q	E	E	Y	L
K	O	G	V	A	G	D	L	V	E	D	X	N	R	H	E
X	J	K	I	G	E	T	N	L	A	K	T	T	D	K	F
L	C	R	U	Y	E	E	M	D	O	I	W	S	E	E	R
O	A	O	O	I	I	G	C	V	P	N	V	U	B	Q	A
M	D	R	T	B	N	M	Q	E	S	Z	X	T	O	J	N
V	V	D	A	V	E	D	R	Y	D	E	N	T	E	E	C
V	N	E	W	S	Y	L	A	L	O	N	D	E	R	K	I
P	W	P	R	H	D	V	I	U	K	E	O	R	N	B	S

BRENT SUTTER
DAVE DRYDEN
EMILE FRANCIS
MIKE PALMATEER
PETER DEBOER
CECIL DILLON
DOUG GILMOUR
MARIAN HOSSA
NEWSY LALONDE
ROY EDWARDS

Puzzle 93

D	T	O	N	Y	M	C	K	E	G	N	E	Y	F	N	Z
C	U	V	M	H	E	H	J	X	C	B	J	B	R	L	D
M	Y	Q	A	P	A	C	B	X	X	U	K	Y	A	J	E
S	M	E	R	A	S	R	F	V	W	H	S	W	N	J	N
P	B	K	T	U	D	Y	R	K	M	L	I	V	K	Y	O
E	C	S	I	L	N	I	H	Y	N	G	R	M	B	X	C
W	U	O	N	R	Q	E	D	Q	O	G	V	S	O	P	H
I	Q	X	B	O	R	I	A	I	M	L	V	E	U	W	A
M	M	U	R	N	O	N	K	L	E	V	I	D	C	I	R
N	D	M	O	T	B	P	H	D	B	R	B	V	H	R	A
T	N	C	D	Y	B	T	N	V	J	R	P	U	E	M	H
V	A	W	E	N	L	M	C	D	B	R	O	I	R	R	Q
E	T	N	U	Q	A	F	E	V	A	U	P	T	T	G	X
A	M	W	R	Z	K	P	H	S	M	D	F	V	E	R	T
Z	L	O	M	L	E	O	R	S	F	D	N	O	O	N	E
D	E	T	R	O	I	T	R	E	D	W	I	N	G	S	J

DETROIT RED WINGS
FRANK BOUCHER
MARTIN BRODEUR
PAUL RONTY
TONY MCKEGNEY
DIDIER PITRE
HARRY OLIVER
NEAL BROTEN
ROB BLAKE
ZDENO CHARA

Puzzle 94

G	J	A	C	K	C	R	A	W	F	O	R	D	U	G	C
W	P	Y	L	J	A	S	O	N	A	L	L	I	S	O	N
L	M	H	Z	X	M	N	G	N	G	D	Y	N	E	R	U
G	T	E	D	L	I	N	D	S	A	Y	Z	D	E	T	S
S	X	N	G	K	V	V	M	N	Z	R	N	T	H	O	O
T	R	Z	K	B	A	N	D	L	E	A	S	G	N	C	H
F	B	U	X	N	A	J	L	L	H	D	I	O	R	L	Z
S	V	W	S	G	E	D	L	C	I	E	N	U	J	D	G
F	L	C	R	Y	Q	I	R	L	W	R	T	J	H	K	Q
B	D	P	K	A	H	A	G	G	E	Y	J	W	V	V	S
T	R	Y	H	H	M	U	U	V	T	Y	N	E	P	O	J
Z	D	L	C	D	O	O	E	R	R	L	R	Y	Q	P	G
Z	O	T	A	D	D	K	A	F	B	H	J	G	A	Q	S
C	U	R	W	B	I	M	U	S	J	T	G	U	N	P	M
D	B	D	J	M	V	I	E	A	I	G	L	E	W	C	C
M	Q	R	K	E	M	A	T	U	K	X	Y	P	O	N	Z

BRAD MARCHAND
DOUG WEIGHT
JACK CRAWFORD
MARTY TURCO
TED LINDSAY
DOUG LIDSTER
DUTCH HILLER
JASON ALLISON
MIKE VERNON

Puzzle 95

Z	I	P	K	N	G	G	T	B	D	R	K	L	N	P	Q
J	U	R	A	T	I	W	A	G	N	Y	Z	O	M	O	W
O	C	O	M	F	P	Q	J	O	V	U	S	Z	H	S	R
H	L	N	U	A	O	S	W	S	U	N	T	A	O	J	A
N	I	S	R	D	T	J	Y	H	H	I	N	S	N	H	G
T	N	C	N	E	K	B	S	O	N	A	S	C	I	M	Y
O	T	H	J	V	B	F	J	U	I	L	Q	W	H	O	X
R	B	O	Z	T	G	B	K	T	W	K	W	Y	Y	W	X
T	E	C	I	Z	O	S	S	D	G	G	N	Z	T	D	S
O	N	K	P	B	I	A	D	W	N	S	Z	Z	U	Y	M
R	E	A	H	R	B	X	W	S	O	M	Z	O	H	W	R
E	D	E	H	E	J	U	Q	S	T	L	O	V	Z	U	N
L	I	C	S	X	A	J	L	H	H	T	C	L	J	N	F
L	C	B	R	I	A	N	M	U	L	L	E	N	P	V	I
A	T	F	H	J	O	H	N	M	A	C	L	E	A	N	J
P	K	Y	B	R	I	A	N	E	L	L	I	O	T	T	A

BOB JOHNSON
BRIAN MULLEN
CLINT BENEDICT
JOHN TORTORELLA
SEBASTIAN AHO
BRIAN ELLIOTT
CHRIS KUNITZ
JOHN MACLEAN
RON SCHOCK

Puzzle 96

T	Y	F	C	X	U	S	O	S	Y	B	P	T	D	X	E
I	J	G	V	U	D	T	N	S	A	R	Q	M	D	U	I
I	O	F	H	K	O	Y	I	A	E	I	N	A	I	P	H
Q	E	N	I	C	N	Q	K	N	U	A	C	E	G	E	R
M	N	E	X	O	E	A	L	J	E	N	Z	P	M	X	Y
M	I	L	S	F	D	U	A	O	S	C	N	I	A	W	Q
M	E	S	K	L	W	X	S	S	A	A	Q	T	R	K	L
J	U	S	J	P	A	M	K	E	T	M	O	L	K	I	V
P	W	T	R	R	R	P	R	S	I	P	U	E	M	K	T
N	E	E	S	B	D	W	O	H	K	B	X	P	E	H	F
T	N	W	Z	W	S	F	N	A	K	E	G	I	S	W	Q
O	D	A	Y	K	L	O	W	R	A	L	A	N	S	H	M
W	Y	R	X	J	A	Z	A	K	N	L	Y	E	I	K	B
X	K	T	J	Y	C	D	L	S	E	A	I	L	E	V	V
B	G	T	N	X	X	P	L	P	N	J	L	G	R	A	T
Z	M	A	N	N	Y	F	E	R	N	A	N	D	E	Z	L

BRIAN CAMPBELL
ESA TIKKANEN
MANNY FERNANDEZ
NELS STEWART
PIT LEPINE

DON EDWARDS
JOE NIEUWENDYK
MARK MESSIER
NIKLAS KRONWALL
SAN JOSE SHARKS

Puzzle 97

J	M	H	O	H	O	S	W	J	I	F	H	W	U	G	R
K	I	T	A	W	Y	T	R	K	H	W	A	P	G	U	O
L	K	B	A	R	M	U	W	W	S	L	C	A	N	M	D
T	E	E	B	B	R	W	S	I	P	T	C	B	J	P	H
L	S	R	N	O	T	Y	F	U	G	N	E	M	I	W	X
A	M	T	M	L	B	H	H	H	S	I	O	C	M	O	L
R	I	O	L	B	N	G	C	O	R	C	A	D	N	R	Y
R	T	L	O	L	H	Z	R	O	W	U	R	O	E	S	M
Y	H	M	Y	G	C	P	K	A	E	E	N	N	I	L	Z
P	R	S	U	T	O	U	P	T	C	Z	L	A	L	E	I
O	F	T	P	O	N	U	Z	T	S	I	P	L	S	Y	M
P	N	E	P	G	Q	A	Q	Y	N	T	E	D	O	I	A
E	O	A	C	D	U	D	M	C	L	O	E	X	N	D	Q
I	C	D	K	C	V	R	F	N	V	V	E	S	J	Q	L
N	U	B	M	P	A	V	E	L	B	U	R	E	C	Y	C
X	S	Y	L	V	I	O	M	A	N	T	H	A	O	W	U

AB MCDONALD
BOB GRACIE
HARRY HOWELL
LARRY POPEIN
PAVEL BURE
BERT OLMSTEAD
GUMP WORSLEY
JIM NEILSON
MIKE SMITH
SYLVIO MANTHA

Puzzle 98

K	L	N	M	V	H	E	X	W	R	Y	E	B	Z	D	I
J	G	M	G	U	M	C	U	R	E	N	X	B	B	Q	B
J	I	I	L	H	W	L	E	N	G	U	I	O	R	A	I
E	G	Q	O	X	F	P	T	W	G	M	F	B	U	G	L
F	L	B	D	Z	L	I	P	T	O	U	D	E	C	I	L
F	J	N	I	V	H	L	C	Y	R	K	O	S	E	L	T
C	T	T	R	W	Z	U	V	U	D	U	N	S	M	L	H
A	I	F	Y	Y	M	X	V	D	I	I	G	E	A	E	O
R	N	A	W	P	S	R	S	H	E	K	R	N	C	S	M
T	R	R	N	A	I	U	X	N	H	C	O	S	G	M	S
E	J	W	J	L	X	C	E	H	O	X	S	A	R	A	X
R	J	W	B	A	D	M	C	Q	W	I	S	Q	E	R	V
L	B	L	M	D	P	W	K	D	E	Y	O	B	G	O	E
M	D	O	U	G	W	I	L	S	O	N	C	Z	O	T	M
R	C	D	F	H	U	E	I	I	P	B	U	E	R	T	Q
N	A	M	A	R	I	O	L	E	S	S	A	R	D	E	U

- BILL THOMS
- BRUCE MACGREGOR
- DOUG WILSON
- GORDIE HOWE
- MARIO LESSARD
- BOB ESSENSA
- DON GROSSO
- GILLES MAROTTE
- JEFF CARTER
- RAY WHITNEY

Puzzle 99

M	Y	E	F	M	A	T	F	B	O	F	Y	O	N	E	O
T	H	A	I	S	A	A	R	N	J	R	P	X	W	E	E
N	B	Z	H	J	P	R	W	I	O	M	H	E	J	D	D
T	J	G	F	Y	J	Z	T	D	Q	P	V	N	G	L	D
F	W	J	I	E	N	A	Y	Y	U	V	M	R	J	I	I
Y	H	R	G	V	P	S	O	A	B	K	C	E	O	T	E
L	B	K	I	H	L	Z	I	W	N	U	Z	R	H	Z	G
Y	G	F	T	Y	R	W	G	B	M	W	R	M	N	E	E
N	B	O	R	H	B	O	Z	Q	T	B	G	K	L	N	R
G	X	R	F	A	R	Z	H	F	P	W	I	X	E	B	A
I	A	R	T	C	O	U	L	T	E	R	F	N	C	E	R
D	S	T	E	V	E	Y	Z	E	R	M	A	N	L	R	D
X	I	Z	Y	T	K	H	V	L	X	A	W	D	A	G	O
J	A	C	K	P	O	R	T	L	A	N	D	W	I	E	I
J	D	I	C	K	I	E	M	O	O	R	E	V	R	R	R
M	S	A	N	D	I	S	O	Z	O	L	I	N	S	H	I

ART COULTER
DICKIE MOORE
EDDIE GERARD
JOHN LECLAIR
SANDIS OZOLINSH
DARRYL SYDOR
ED LITZENBERGER
JACK PORTLAND
MARTY BURKE
STEVE YZERMAN

Puzzle 100

X	W	P	W	Y	U	N	I	C	K	L	E	D	D	Y	P
V	W	B	I	L	L	B	R	Y	D	G	E	W	M	B	F
C	I	J	G	U	Y	L	A	P	O	I	N	T	E	N	S
Y	D	A	V	E	E	L	L	E	T	T	P	G	D	F	T
W	L	Q	X	E	Q	S	O	D	T	X	H	Z	K	N	E
E	O	S	M	N	L	X	A	L	S	M	I	T	H	I	F
N	J	R	M	L	N	I	M	M	U	G	L	Q	N	V	A
T	E	H	K	W	O	D	K	K	L	L	W	A	Y	G	N
W	L	Q	G	H	X	Q	E	I	J	I	A	K	U	Q	P
O	G	A	R	Y	S	M	I	T	H	N	T	J	R	P	E
R	Y	Z	D	P	X	D	G	T	I	Q	S	M	X	J	R
T	D	R	S	S	X	F	M	E	K	Q	O	Z	L	N	S
H	R	D	G	N	C	V	W	V	R	F	N	V	W	Q	S
J	J	I	M	M	O	R	R	I	S	O	N	P	Q	D	O
T	T	W	U	S	P	P	K	P	K	Z	G	O	A	Y	N
D	S	A	F	I	B	C	O	M	S	G	O	O	O	C	B

AL SMITH
BILL BRYDGE
CY WENTWORTH
DAVE ELLETT
GARY SMITH
GUY LAPOINTE
JIM MORRISON
NICK LEDDY
PHIL WATSON
STEFAN PERSSON

Puzzle 101

Z	U	W	M	A	R	T	I	N	S	T	R	A	K	A	D
D	D	A	N	N	Y	B	R	I	E	R	E	N	J	Y	S
X	W	Z	O	D	W	Q	H	E	H	V	D	O	S	N	E
S	T	E	V	E	N	S	T	A	M	K	O	S	G	F	T
N	H	P	D	V	C	Q	Y	Z	F	L	U	R	E	A	H
B	V	O	X	C	S	Q	G	E	H	T	G	S	O	W	J
V	O	G	C	D	K	L	V	J	Y	G	Y	K	R	N	O
R	U	P	Z	K	J	Y	R	G	E	I	O	W	G	D	N
C	E	Z	F	K	E	L	L	Y	H	R	U	D	E	Y	E
P	V	D	W	B	O	Y	T	I	P	D	N	Y	S	A	S
V	O	Y	H	W	G	S	S	Y	W	H	G	P	V	H	E
V	N	H	Q	O	K	N	C	T	R	V	X	R	E	D	G
W	X	P	V	L	R	Z	S	T	I	C	E	P	Z	N	C
M	W	B	P	T	J	N	D	K	L	C	D	F	I	P	N
D	R	T	F	H	I	M	E	D	C	Z	K	T	N	W	R
O	V	Y	Q	R	U	A	Z	R	Z	I	K	I	A	P	H

DANNY BRIERE
GEORGES VEZINA
KELLY HRUDEY
RED HORNER
STEVEN STAMKOS
DOUG YOUNG
HOCKEY STICK
MARTIN STRAKA
SETH JONES

Puzzle 102

C	Z	O	T	T	A	W	A	S	E	N	A	T	O	R	S
P	L	U	R	Z	Q	B	Q	E	L	J	F	B	P	A	Z
A	L	C	D	J	P	H	M	M	T	C	N	E	X	Z	Z
Y	L	P	R	Z	Z	A	B	L	B	A	H	P	W	A	C
J	W	S	S	I	O	N	B	F	O	T	G	G	Z	I	B
C	B	W	E	O	S	S	D	L	Y	T	S	U	A	C	W
U	O	F	G	C	Y	T	S	F	Q	I	N	I	O	F	E
H	D	R	Q	P	O	D	O	B	M	P	M	D	P	Q	R
G	N	J	E	R	O	R	B	B	G	W	Q	O	K	O	A
B	J	K	U	T	X	Y	D	J	A	L	U	L	J	Q	Z
E	C	Q	N	C	O	X	W	A	N	L	D	I	Z	J	W
S	B	O	B	D	A	I	L	E	Y	F	H	N	B	Y	K
K	W	H	M	X	W	O	F	I	O	C	R	U	P	Z	A
P	E	P	S	I	C	E	N	T	E	R	G	Y	E	E	E
G	E	O	F	F	S	A	N	D	E	R	S	O	N	T	T
P	U	N	C	H	B	R	O	A	D	B	E	N	T	X	R

AL SECORD
BOB DAILEY
GEOFF SANDERSON
PEPSI CENTER
TOD SLOAN
BEP GUIDOLIN
CRISTOBAL HUET
OTTAWA SENATORS
PUNCH BROADBENT

Puzzle 103

S	B	E	R	N	I	E	G	E	O	F	F	R	I	O	N
B	M	S	J	T	V	C	C	Q	Q	I	G	Q	U	K	M
L	I	R	J	A	G	X	L	O	K	W	X	A	W	U	W
O	T	U	L	F	C	D	U	A	M	Q	K	B	G	S	T
Q	C	X	B	G	I	Q	B	W	L	Z	R	Z	I	U	U
U	H	P	K	S	B	T	U	L	R	A	I	A	E	L	C
R	M	S	W	B	T	V	I	E	N	L	N	Y	K	L	O
Z	A	Q	C	Y	S	H	P	D	S	D	S	X	Q	U	H
X	R	B	O	P	N	P	O	W	A	D	I	W	S	O	S
Q	N	H	K	A	A	B	K	V	Y	D	E	F	B	Z	F
U	E	K	E	L	S	M	L	E	H	E	G	M	I	J	S
Y	R	S	C	U	E	O	U	W	Y	N	K	L	E	M	L
R	G	T	G	G	R	F	A	A	L	O	X	P	H	R	F
R	I	O	L	A	F	K	O	L	Z	I	G	A	Q	G	S
D	Z	F	C	I	N	M	B	G	V	I	Q	X	V	W	W
N	A	T	H	A	N	M	A	C	K	I	N	N	O	N	A

BERNIE GEOFFRION
DIT CLAPPER
JACQUES DEMERS
NATHAN MACKINNON
SEAN HILL
CAROL VADNAIS
GUS BODNAR
MITCH MARNER
OLAF KOLZIG

Puzzle 104

E	Y	G	E	R	A	R	D	G	A	L	L	A	N	T	A
H	O	L	Q	J	W	P	M	O	H	F	H	O	L	U	O
E	S	E	O	J	G	P	A	T	F	A	S	S	U	J	V
E	U	G	H	W	C	O	V	U	W	N	E	A	E	S	O
V	M	A	X	U	L	F	R	D	H	L	E	A	V	F	L
G	V	G	K	W	Q	Y	N	O	L	N	S	B	L	K	R
E	Z	U	G	V	D	A	J	E	N	K	K	X	F	M	W
N	Z	C	R	N	S	K	T	O	B	V	N	X	B	H	T
I	C	B	I	T	R	A	B	I	A	V	E	Q	M	O	H
M	H	L	R	A	R	R	R	I	C	K	K	E	H	O	E
A	U	H	M	N	A	S	G	B	Z	B	F	Y	B	D	V
L	R	A	A	C	Y	T	B	F	N	M	K	C	F	G	A
K	S	E	Y	Y	E	M	J	H	P	T	L	I	N	C	H
I	J	U	P	A	U	L	C	A	V	A	L	L	I	N	I
N	G	C	O	X	N	U	J	E	A	O	E	W	I	Y	U
N	M	I	N	N	E	S	O	T	A	W	I	L	D	X	Z

EVGENI MALKIN
GUY CARBONNEAU
LINDY RUFF
MINNESOTA WILD
RICK KEHOE
GERARD GALLANT
JEAN RATELLE
MARK JOHNSON
PAUL CAVALLINI

Puzzle 105

S	M	P	Y	O	T	N	P	Y	K	X	Q	Q	H	S	N
M	H	P	C	V	E	W	O	A	X	G	I	O	D	F	E
T	G	A	G	T	N	D	H	F	T	X	E	E	H	W	W
M	M	P	N	I	I	H	O	Q	T	B	O	I	M	U	Y
J	R	A	O	E	H	M	F	L	Q	K	U	T	G	I	O
B	I	Z	T	F	D	K	C	Q	C	K	R	R	Q	J	R
K	V	M	P	T	U	O	U	H	A	Z	G	K	N	M	K
S	B	D	P	K	D	D	A	T	E	Y	Y	B	L	S	I
K	X	L	D	A	O	U	E	N	R	V	Y	K	J	P	S
E	C	Q	U	A	P	L	C	T	H	F	E	R	F	F	L
M	N	W	J	Y	A	P	E	H	V	Q	S	L	V	G	A
H	F	X	T	K	E	P	I	K	E	M	W	A	D	T	N
O	Y	X	X	F	F	M	O	N	R	N	D	Y	A	A	D
L	T	E	Q	F	U	Q	T	J	Y	X	E	Z	K	G	E
G	L	Z	E	Y	J	K	P	N	F	Y	X	U	Z	Z	R
A	K	J	E	U	I	H	Z	I	H	W	G	I	A	P	S

ALEX KALETA
JEFF PETRY
MATT DUCHENE
PAT BURNS
TIM CHEVELDAE
ED OLCZYK
JIM PAPPIN
NEW YORK ISLANDERS
SHANE DOAN

Puzzle 1 - Solution

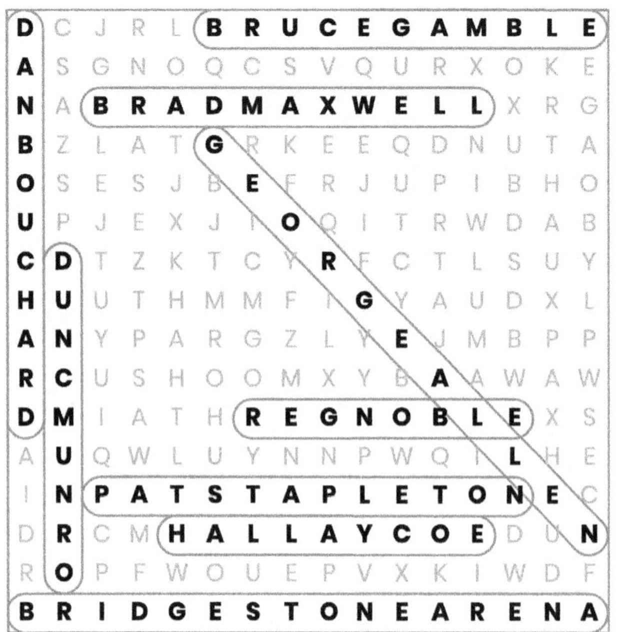

Puzzle 2 - Solution

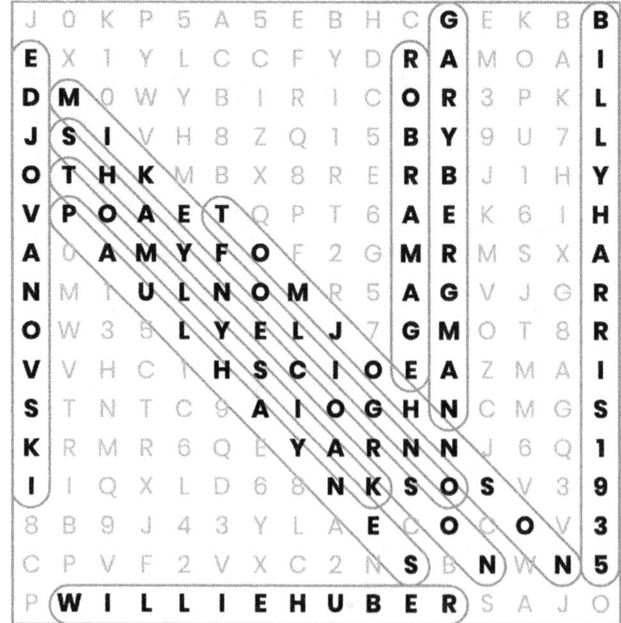

Puzzle 3 - Solution

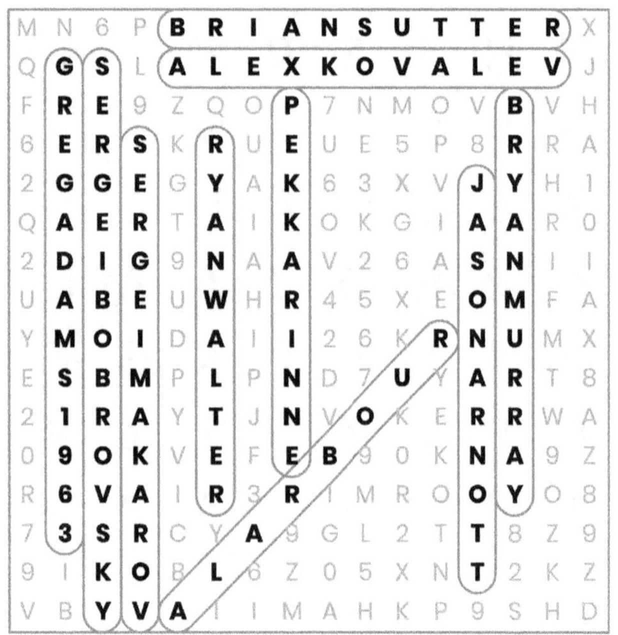

Puzzle 4 - Solution

Puzzle 5 - Solution

Puzzle 6 - Solution

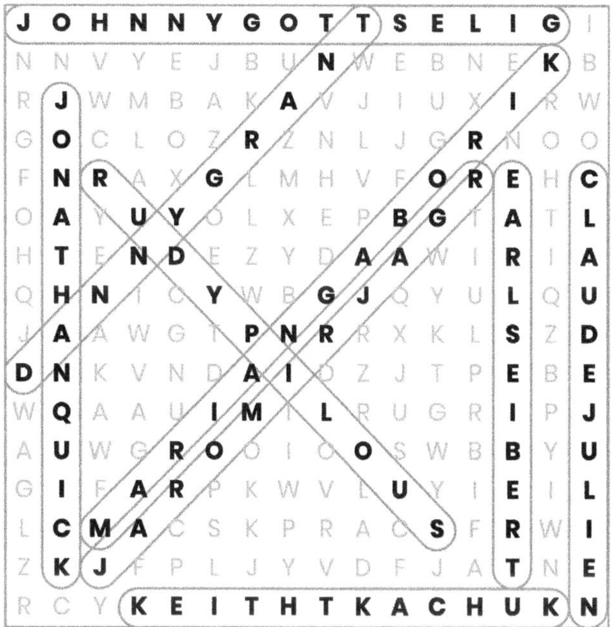

Puzzle 7 - Solution

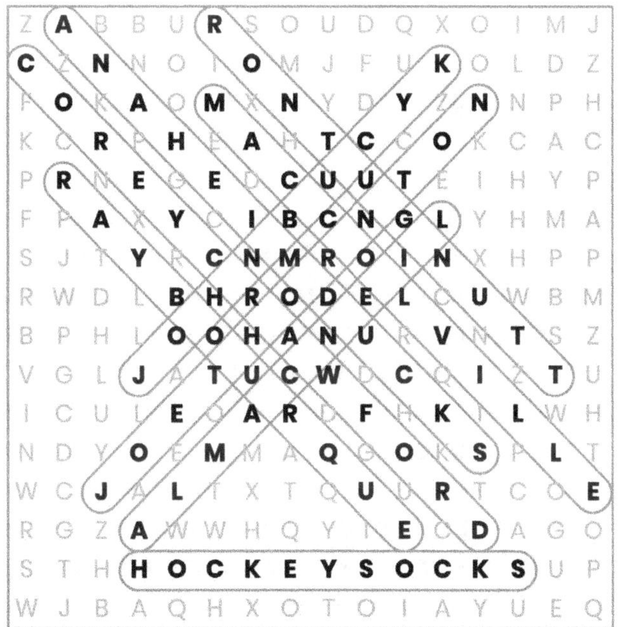

Puzzle 8 - Solution

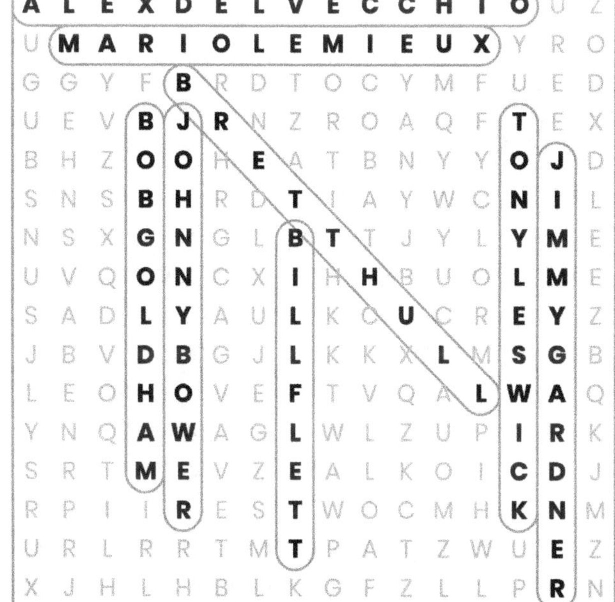

Puzzle 9 - Solution

Puzzle 10 - Solution

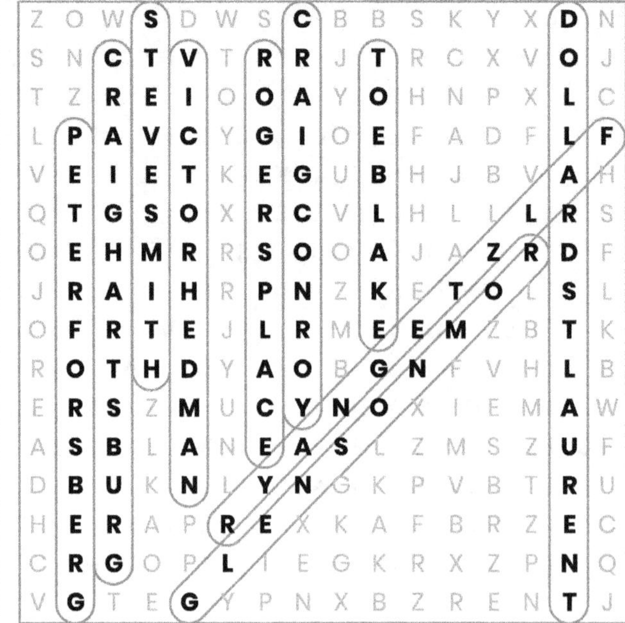

Puzzle 11 - Solution

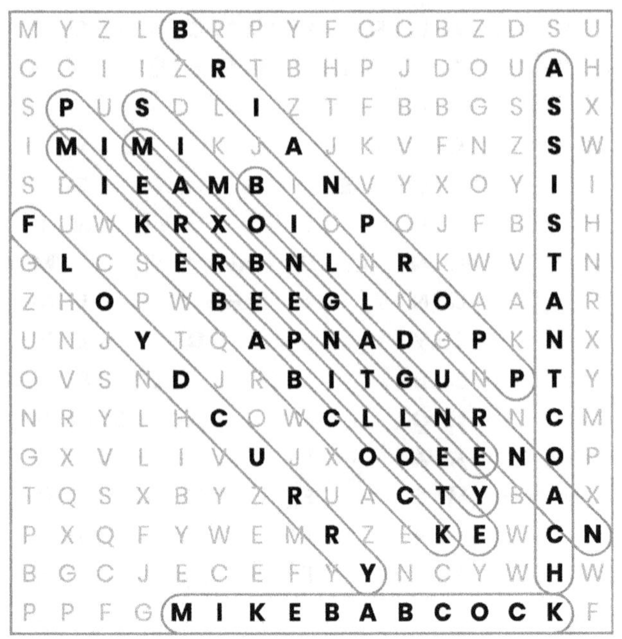

Puzzle 12 - Solution

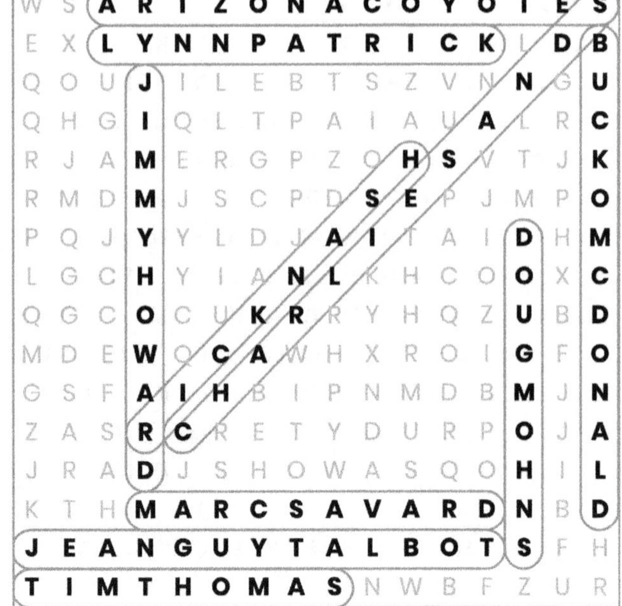

Puzzle 13 - Solution

Puzzle 14 - Solution

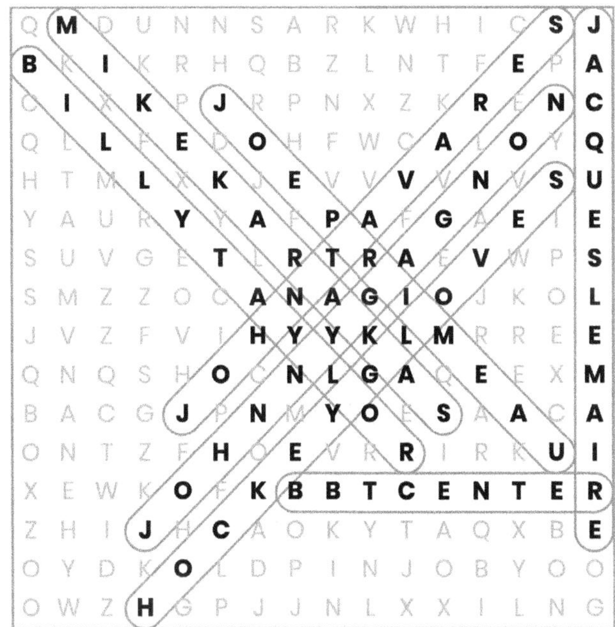

Puzzle 15 - Solution

Puzzle 16 - Solution

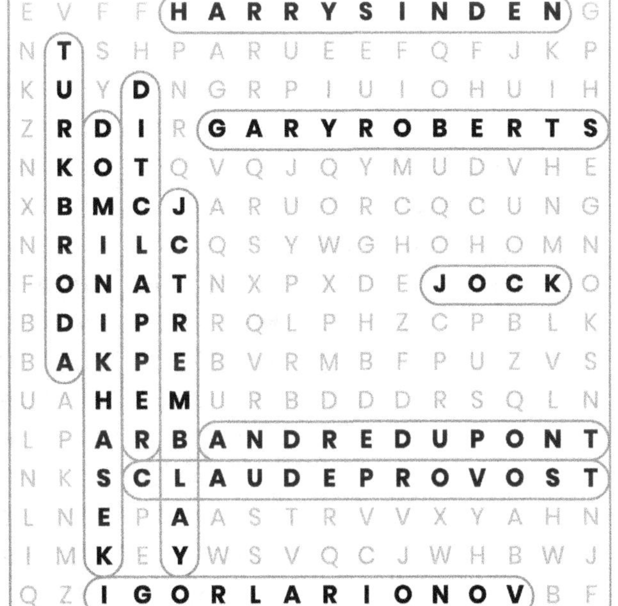

Puzzle 17 - Solution

Puzzle 18 - Solution

Puzzle 19 - Solution

Puzzle 20 - Solution

Puzzle 21 - Solution

E	M	S	M	A	R	E	K	Z	I	D	L	I	C	K	Y
Q	M	I	C	H	E	L	B	E	R	G	E	R	O	N	A
J	A	R	I	K	U	R	R	I	N	X	V	U	Y	G	P
K	U	Z	K	F	B	L	W	B	E	Q	X	B	K	E	O
R	Z	J	Q	M	Q	H	H	E	X	A	R	I	U	O	N
N	I	A	M	B	I	Y	Y	L	P	U	X	L	K	F	C
J	G	B	L	Y	E	S	Y	Q	X	R	H	Q	D	F	V
Q	A	P	A	E	M	H	I	G	Q	A	S	J	W	C	I
O	B	C	Y	R	X	Q	N	O	H	B	K	S	B	O	P
A	D	X	K	I	R	S	W	W	Q	M	P	I	D	U	K
S	I	E	N	A	T	Y	M	R	I	C	X	D	G	R	A
R	E	I	S	X	D	I	T	I	G	L	D	R	T	T	L
D	U	C	F	P	Q	A	B	R	T	B	S	C	G	N	X
X	P	R	F	I	B	J	M	E	O	H	V	O	J	A	L
N	O	A	U	L	Q	K	J	S	L	T	N	C	N	L	D
A	M	Z	W	W	T	F	Y	H	X	F	Z	D	C	L	C

Puzzle 22 - Solution

Puzzle 23 - Solution

Puzzle 24 - Solution

Puzzle 25 - Solution

Puzzle 26 - Solution

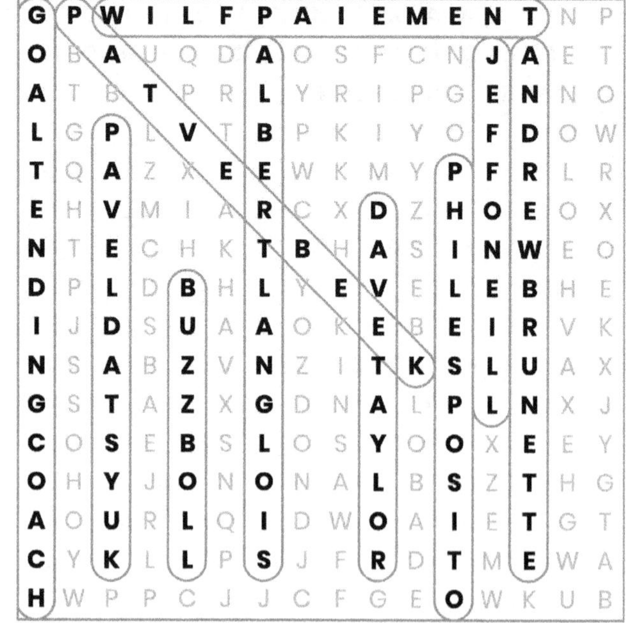

Puzzle 27 - Solution

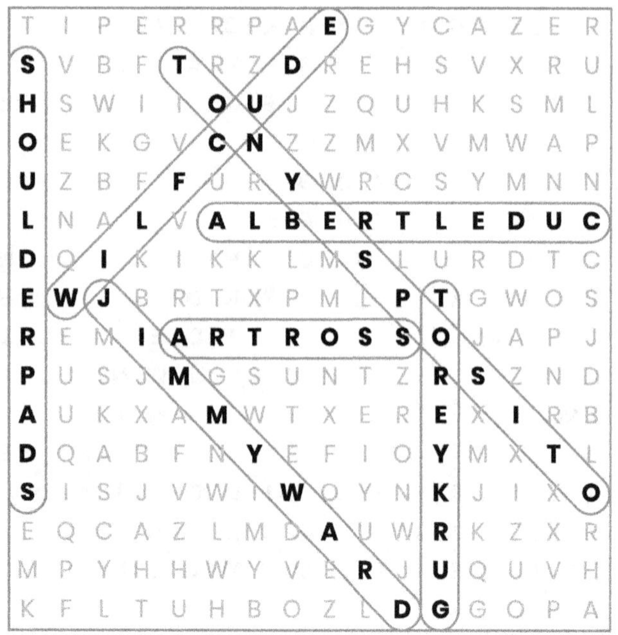

Puzzle 28 - Solution

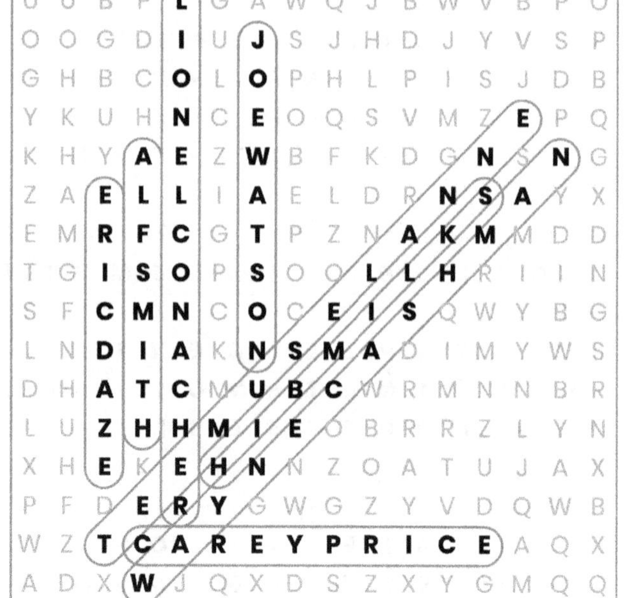

Puzzle 29 - Solution

Puzzle 30 - Solution

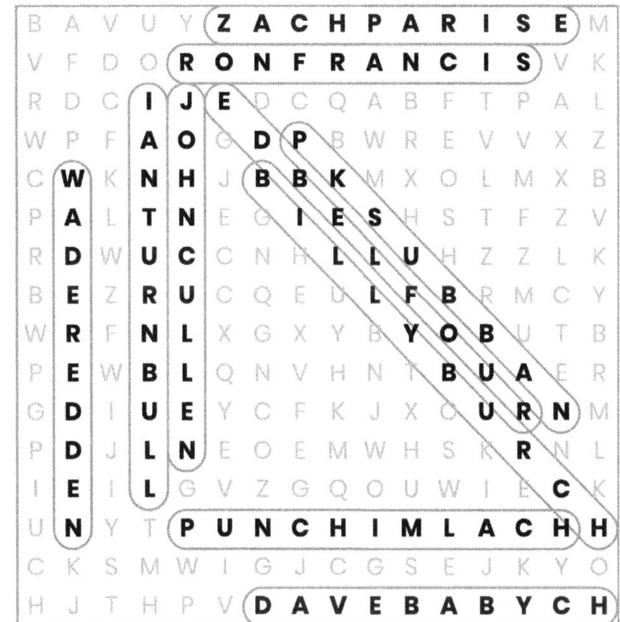

Puzzle 31 - Solution

Puzzle 32 - Solution

Puzzle 33 - Solution

Puzzle 34 - Solution

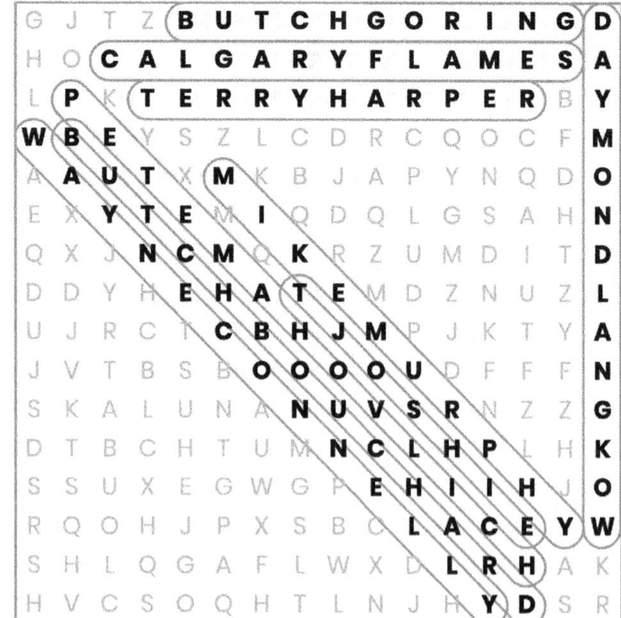

Puzzle 35 - Solution

Puzzle 36 - Solution

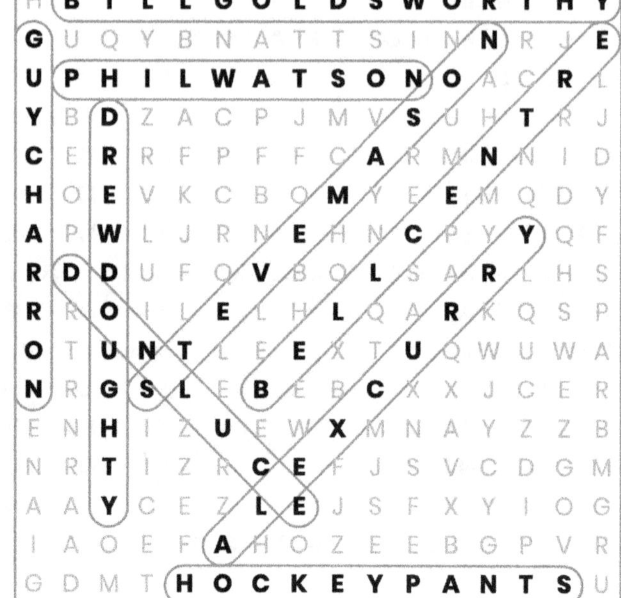

Puzzle 37 - Solution

T W G K L Z X Q U M U A W N G A
N S R G M J B P L M L L E D A X
G N D C R P O B E X A E D V R Q
G U I J J D B C O B L K G L Y S
K B T Y S S B N D V H S A O D T
B X C U P P Y Z A A I A R Q O L
P A U F R P H S N L S N L E R O
Z R R T D G U Y D E H D A R N U
V E T R J K L M U R E E P F H I
G W B E Y A L Y R I A R R N O S
B B E R E G B F A B W B A F E B
H K N X M Z I K N U E A D Y F L
O W N P A P W B D R B R E D E U
W A E V X O L V B E E K J K R E
D T T C S W A T R S R O X W W S
R Q T K F I B F D V N V W A K L

Puzzle 38 - Solution

Puzzle 39 - Solution

Puzzle 40 - Solution

Puzzle 41 - Solution

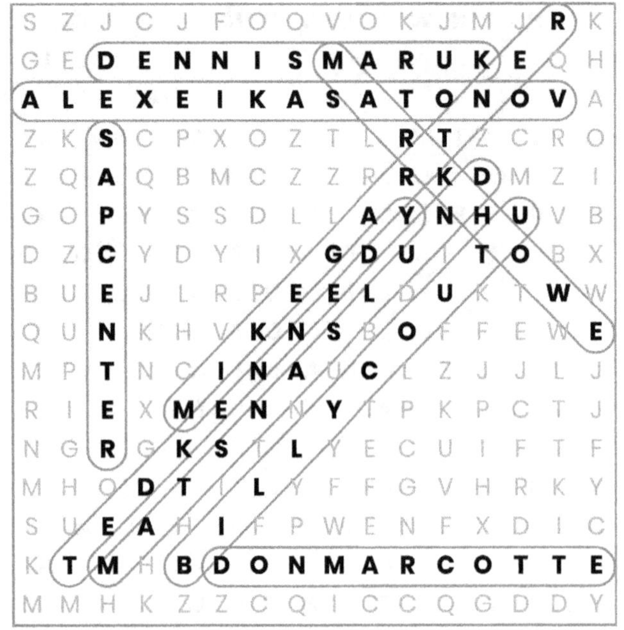

Puzzle 42 - Solution

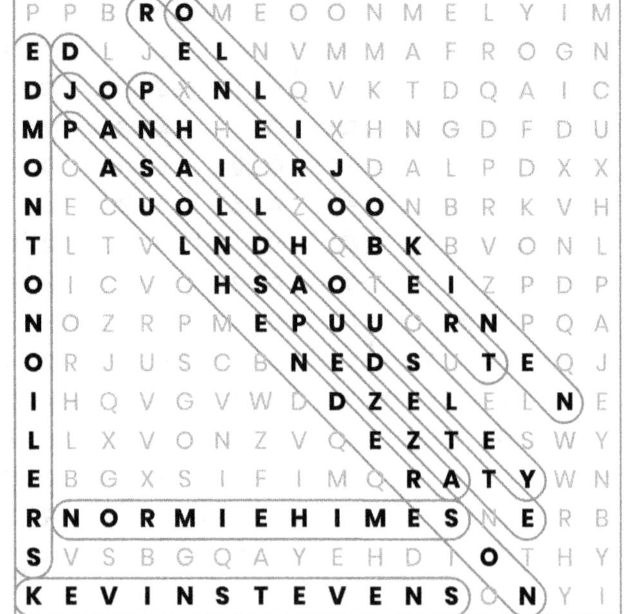

Puzzle 43 - Solution

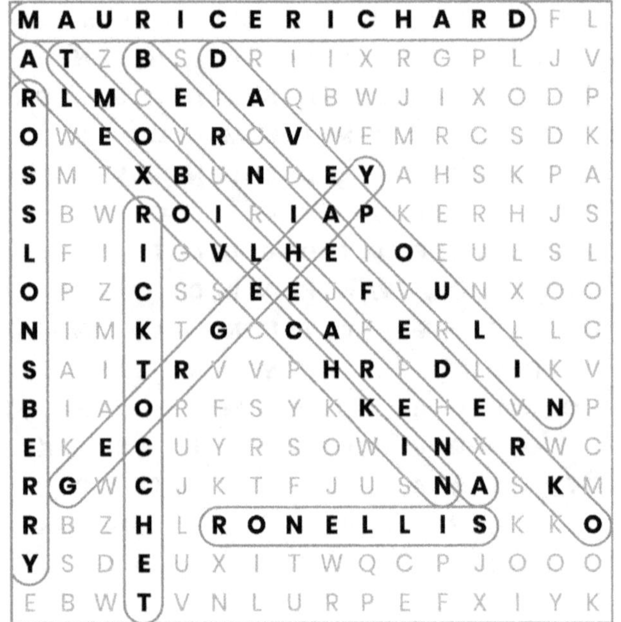

Puzzle 44 - Solution

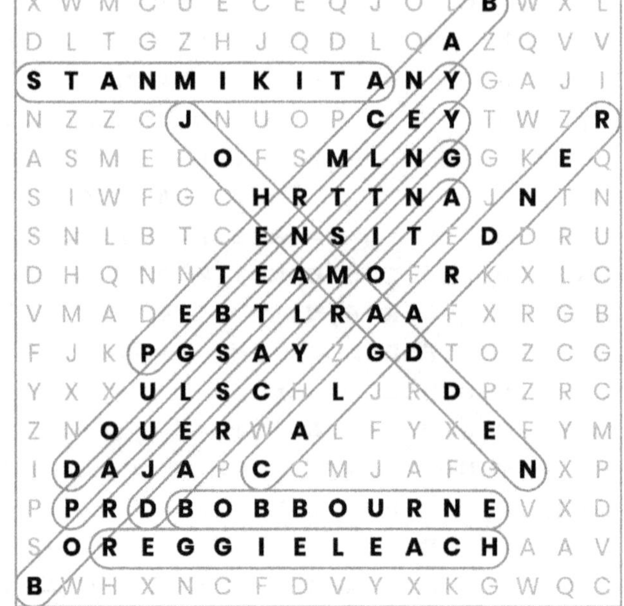

Puzzle 45 - Solution

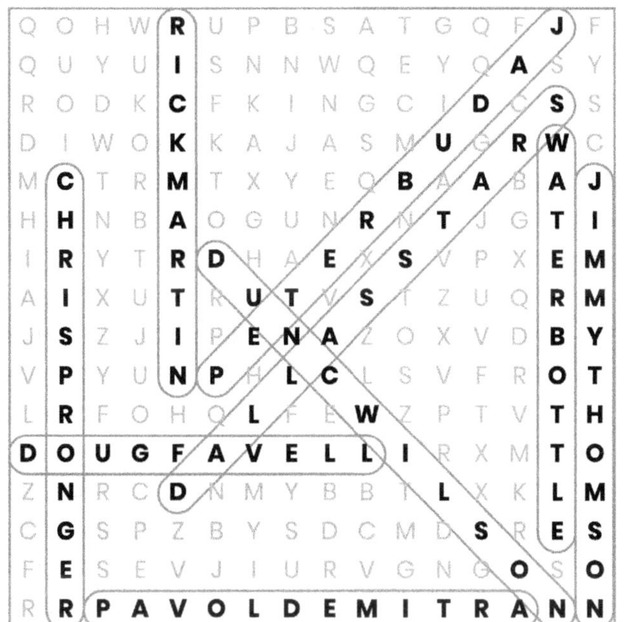

Puzzle 46 - Solution

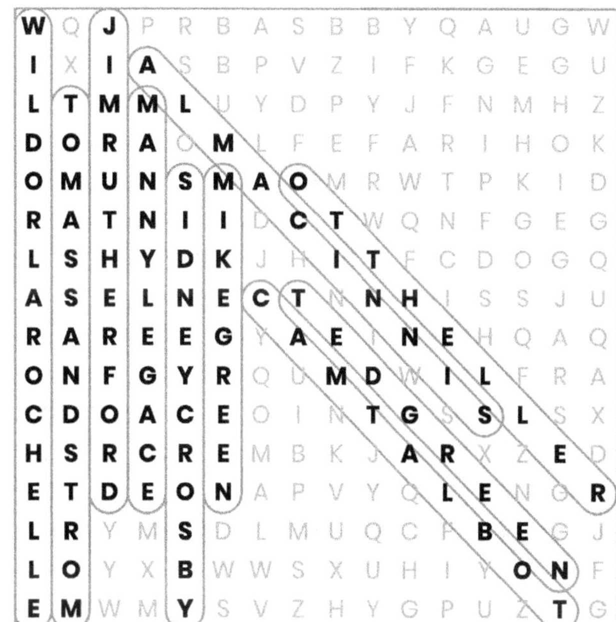

Puzzle 47 - Solution

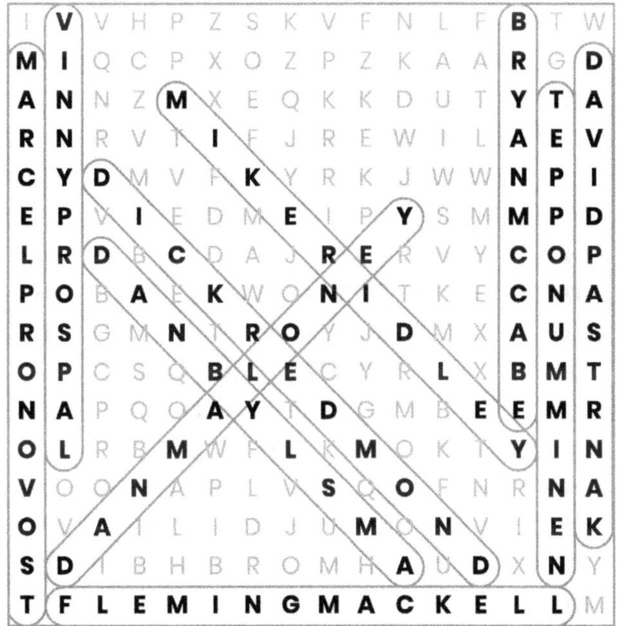

Puzzle 48 - Solution

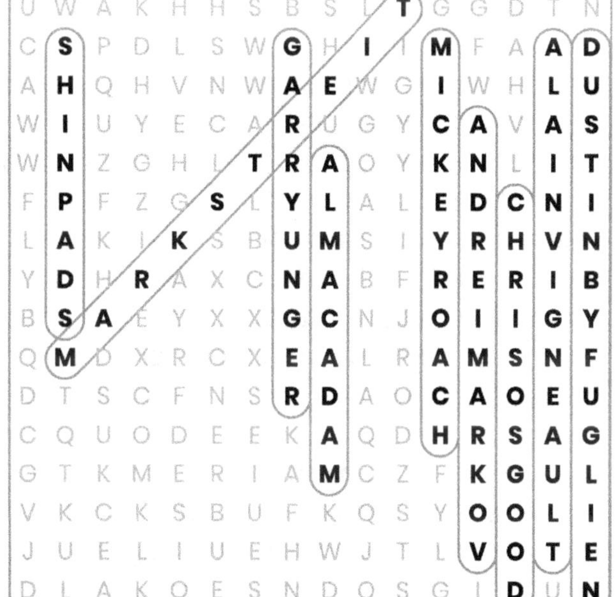

Puzzle 49 - Solution

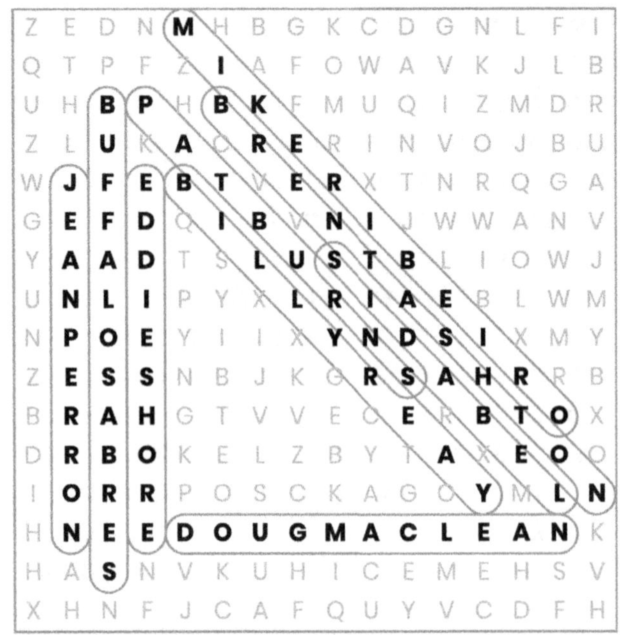

Puzzle 50 - Solution

Puzzle 51 - Solution

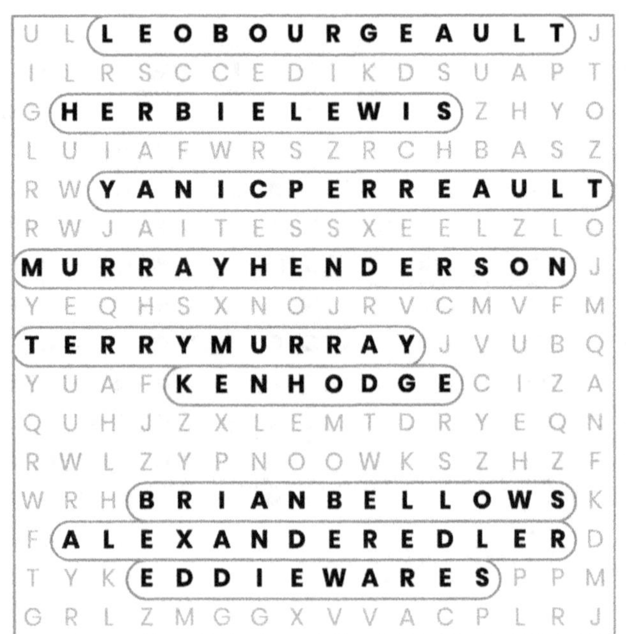

Puzzle 52 - Solution

Puzzle 53 - Solution

Puzzle 54 - Solution

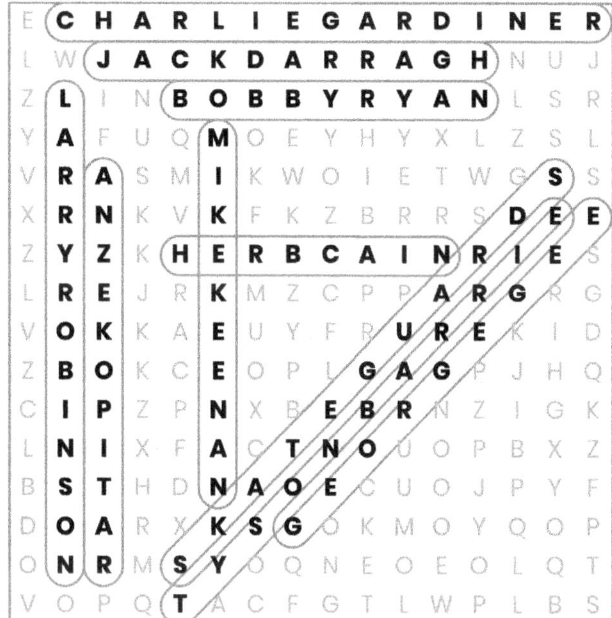

Puzzle 55 - Solution

Puzzle 56 - Solution

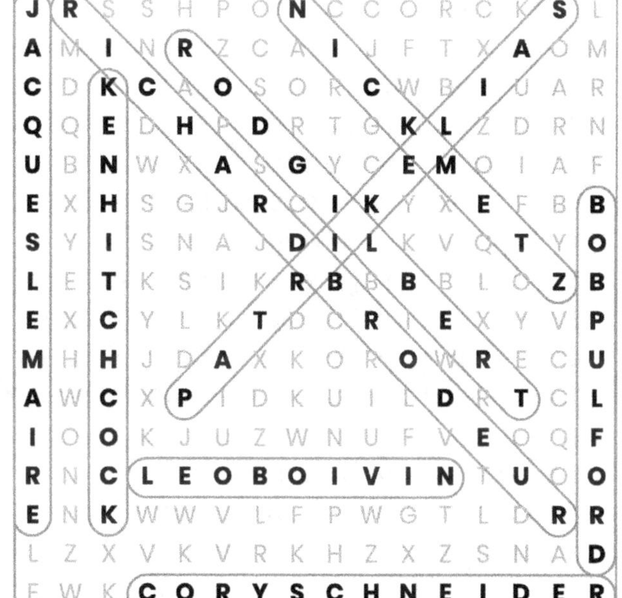

Puzzle 57 - Solution

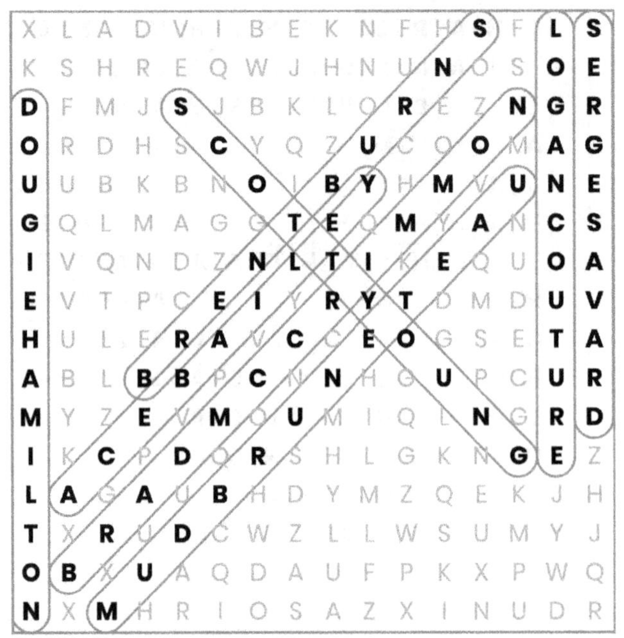

Puzzle 58 - Solution

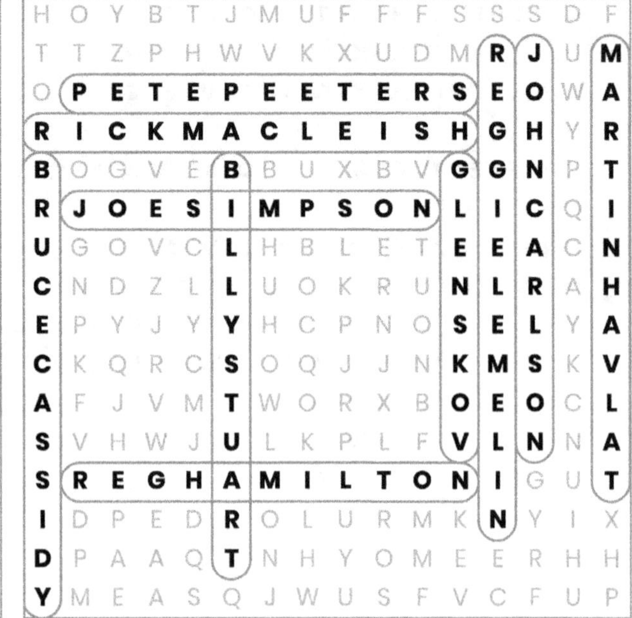

Puzzle 59 - Solution

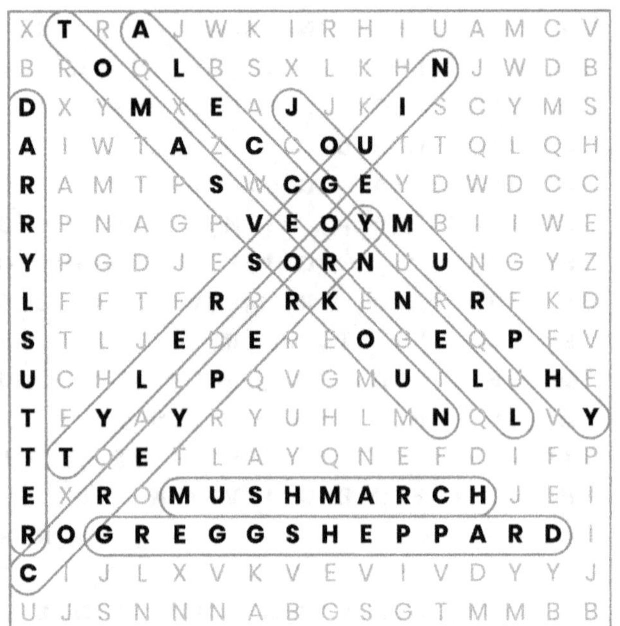

Puzzle 60 - Solution

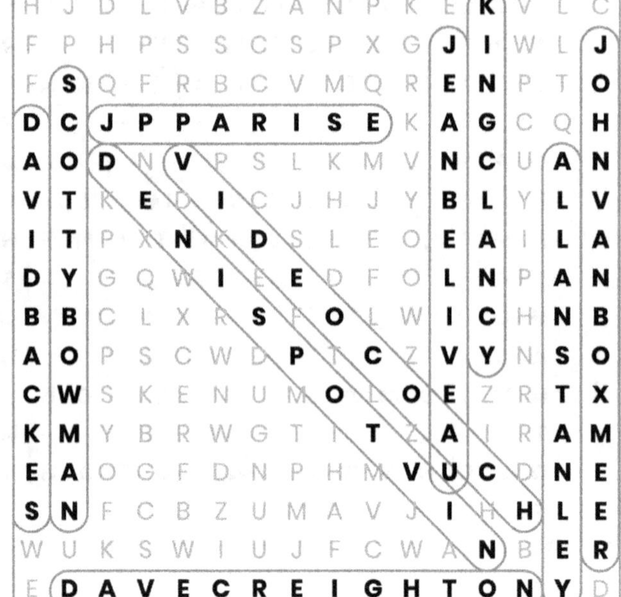

Puzzle 61 - Solution

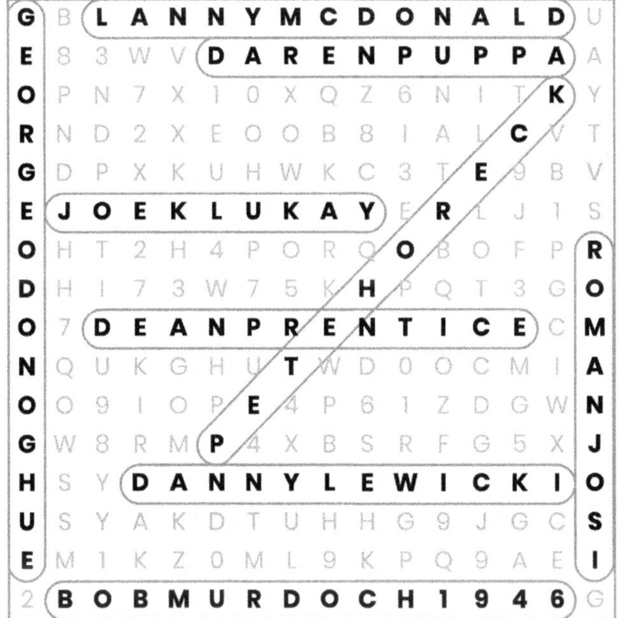

Puzzle 62 - Solution

Puzzle 63 - Solution

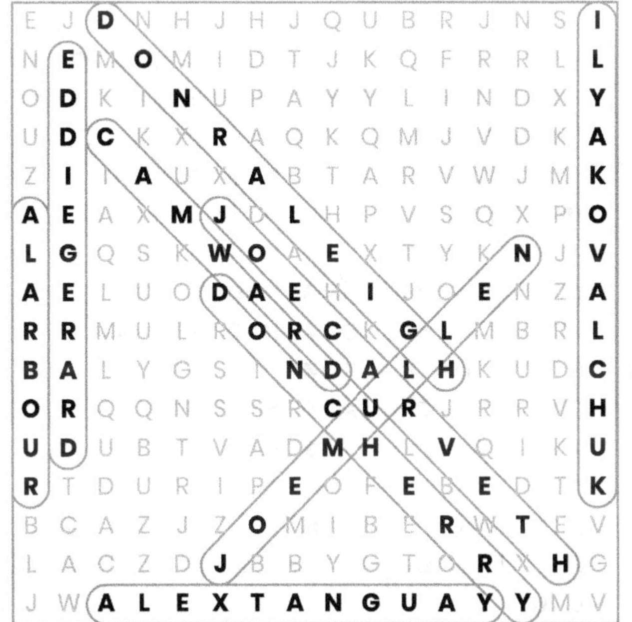

Puzzle 64 - Solution

Puzzle 65 - Solution

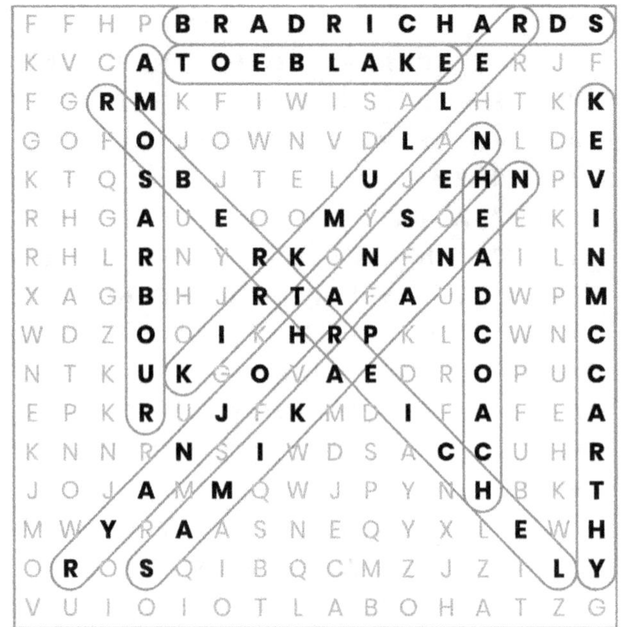

Puzzle 66 - Solution

Puzzle 67 - Solution

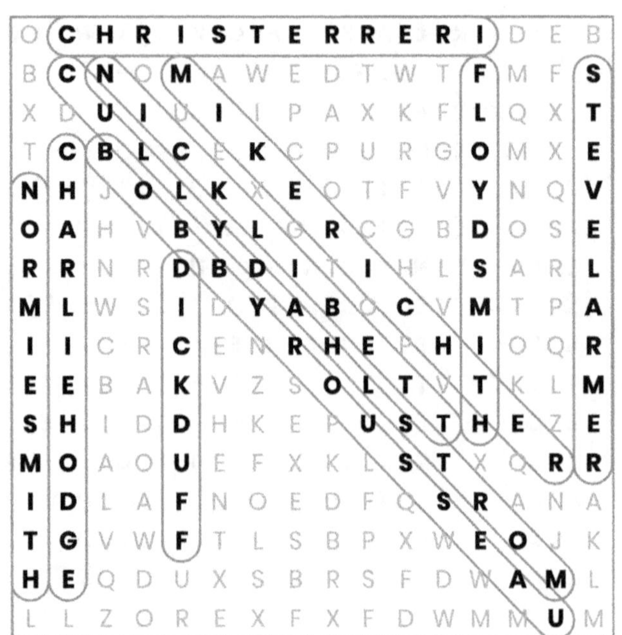

Puzzle 68 - Solution

Puzzle 69 - Solution

Puzzle 70 - Solution

Puzzle 71 - Solution

Puzzle 72 - Solution

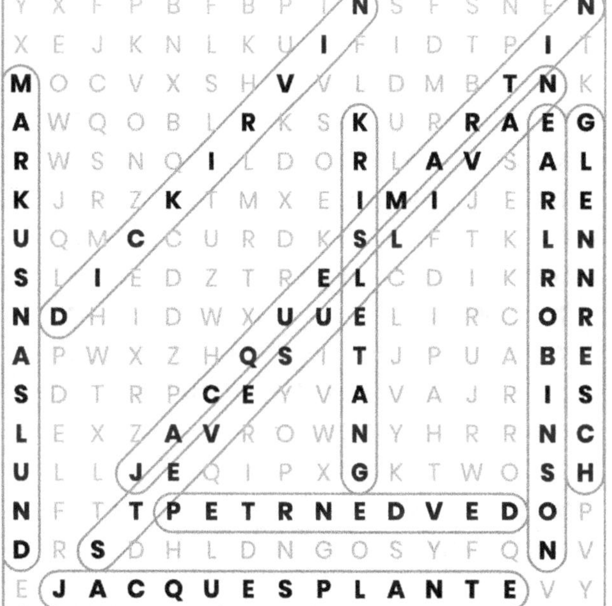

Puzzle 73 - Solution

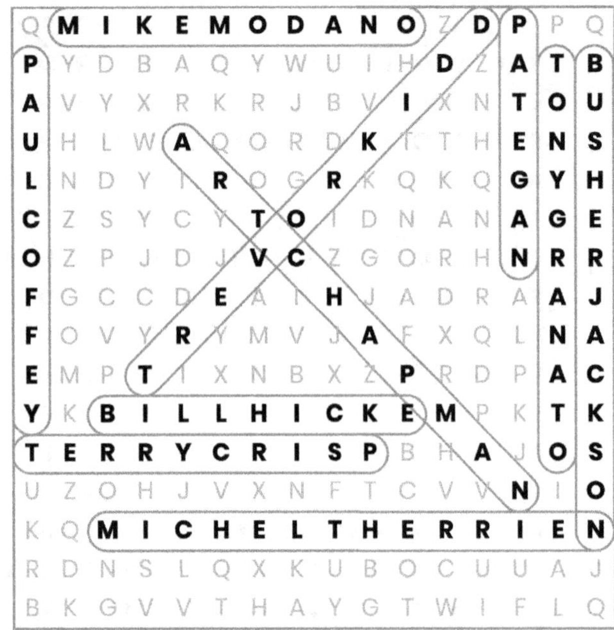

Puzzle 74 - Solution

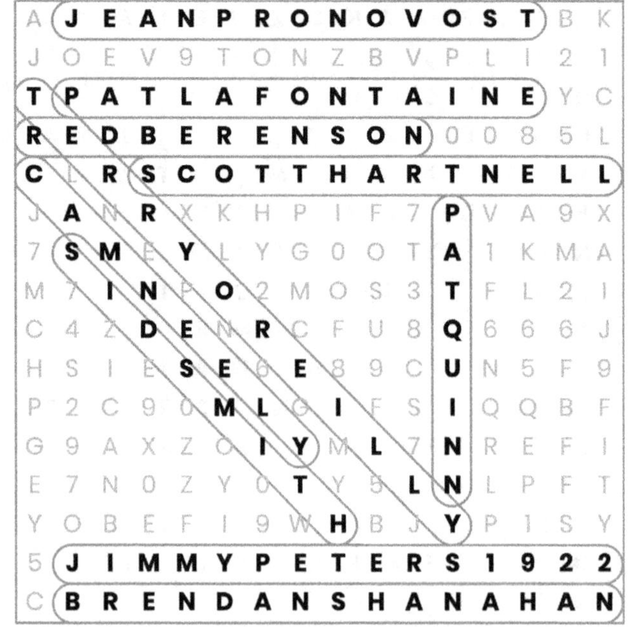

Puzzle 75 - Solution

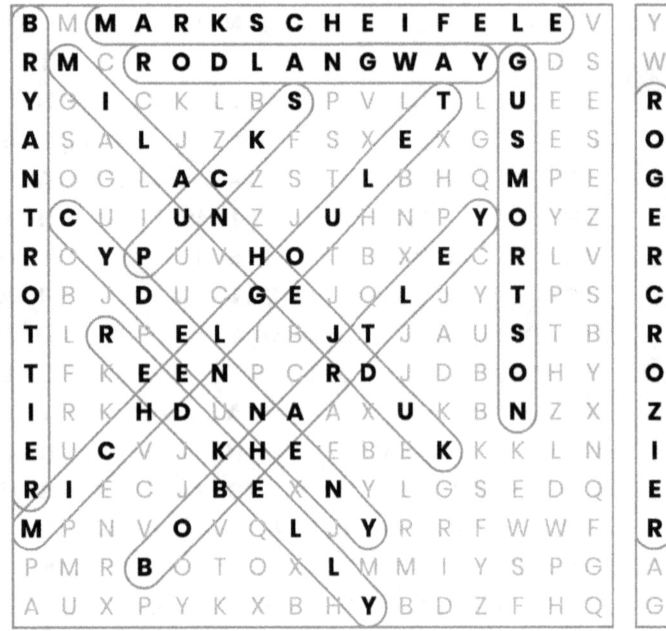

Puzzle 76 - Solution

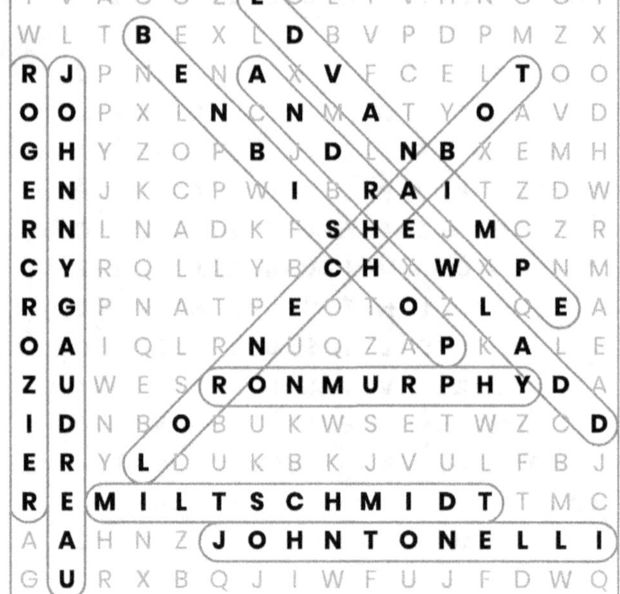

Puzzle 77 - Solution

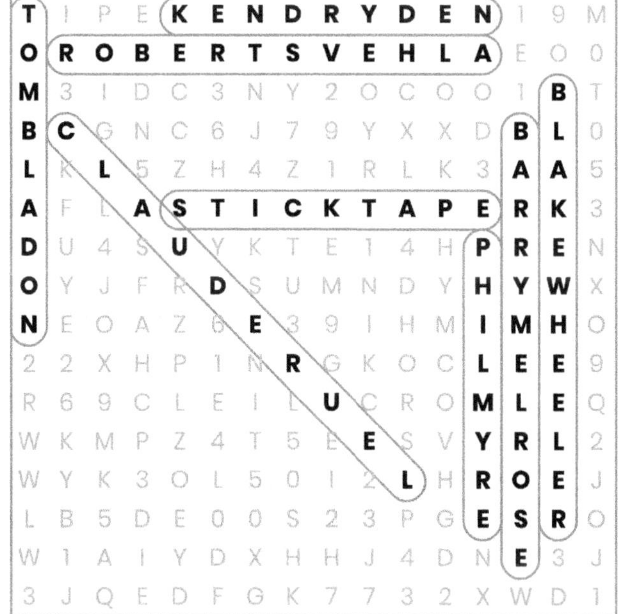

Puzzle 78 - Solution

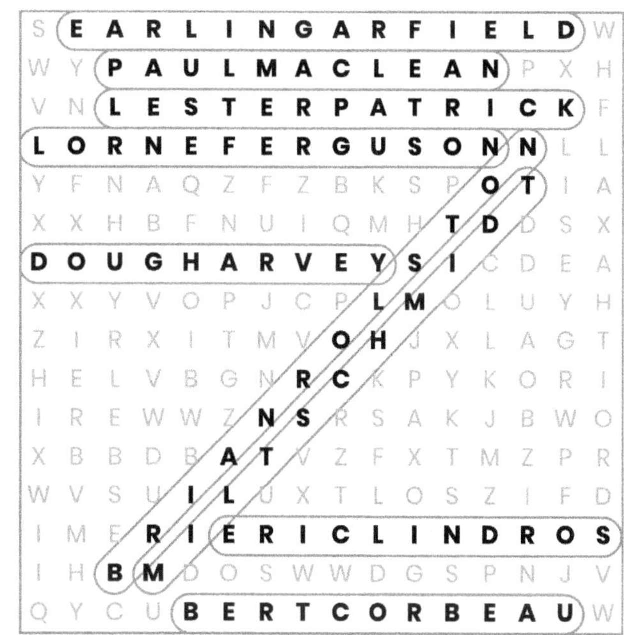

Puzzle 79 - Solution

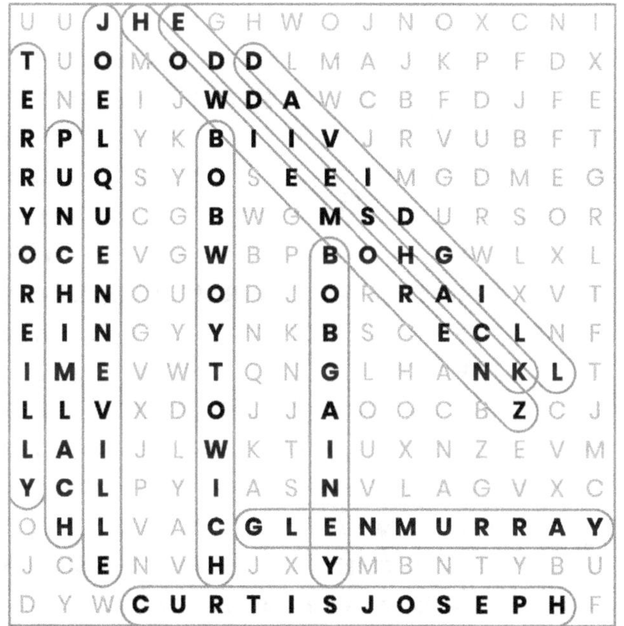

Puzzle 80 - Solution

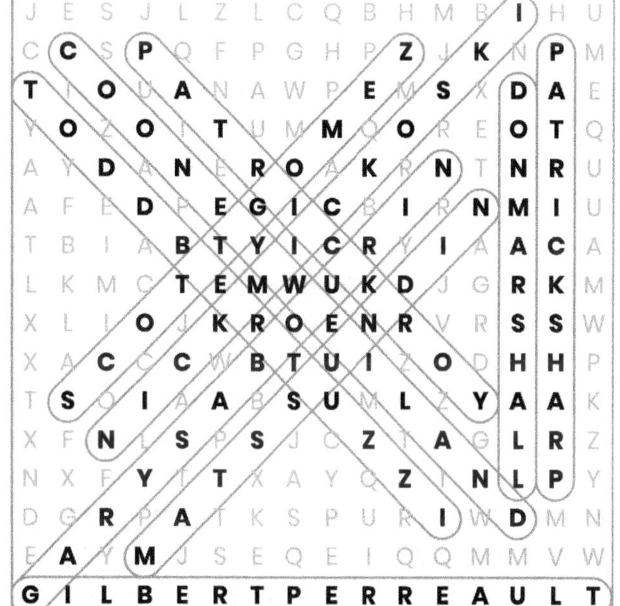

Puzzle 81 - Solution

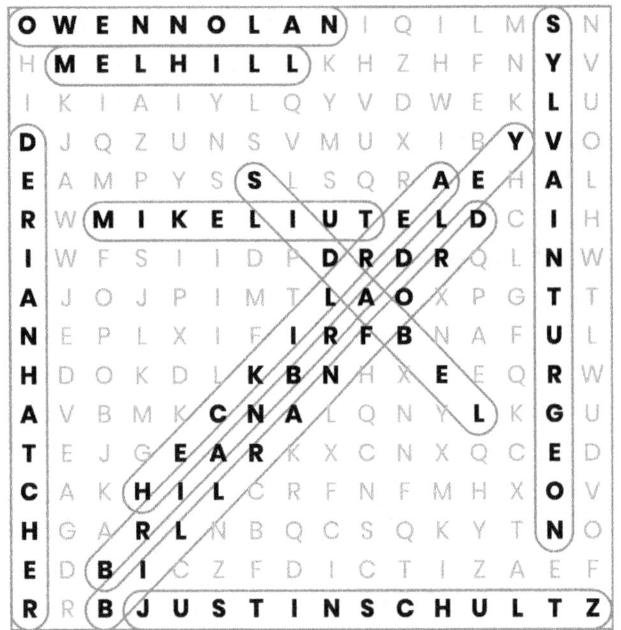

Puzzle 82 - Solution

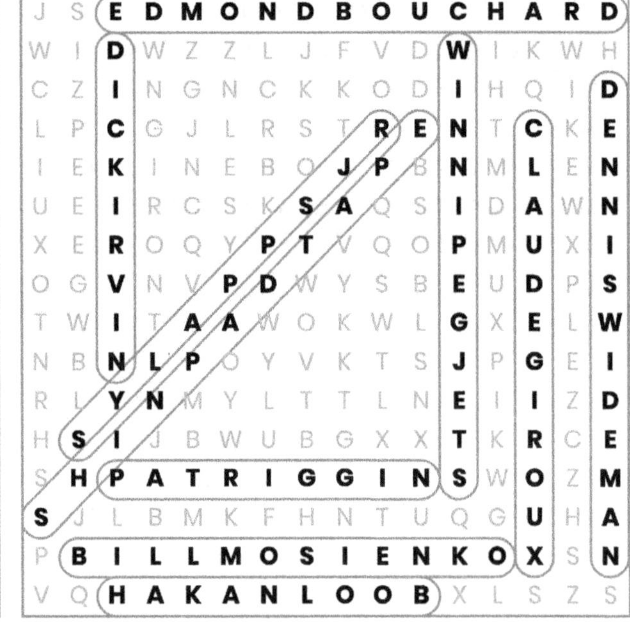

Puzzle 83 - Solution

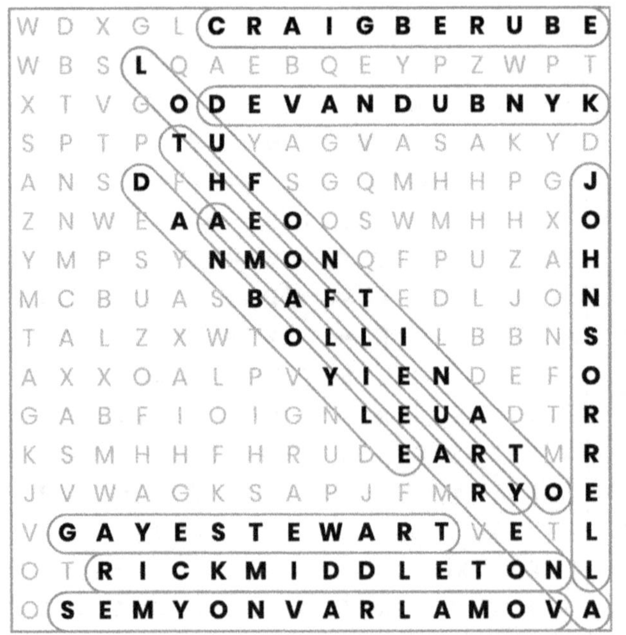

Puzzle 84 - Solution

Puzzle 85 - Solution

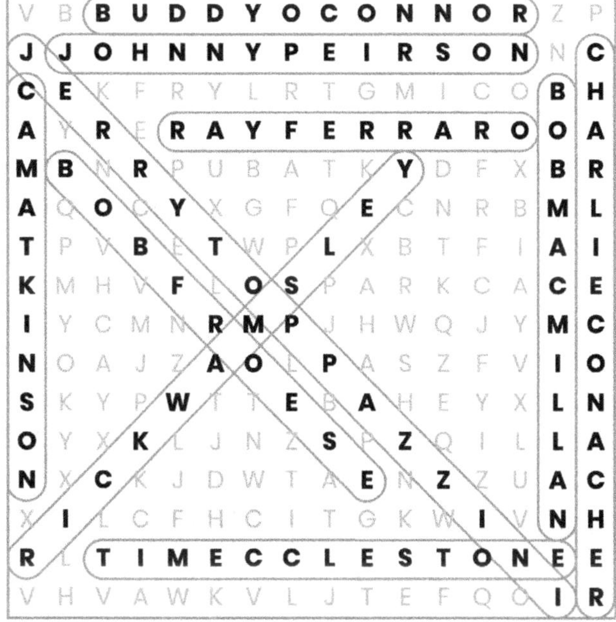

Puzzle 86 - Solution

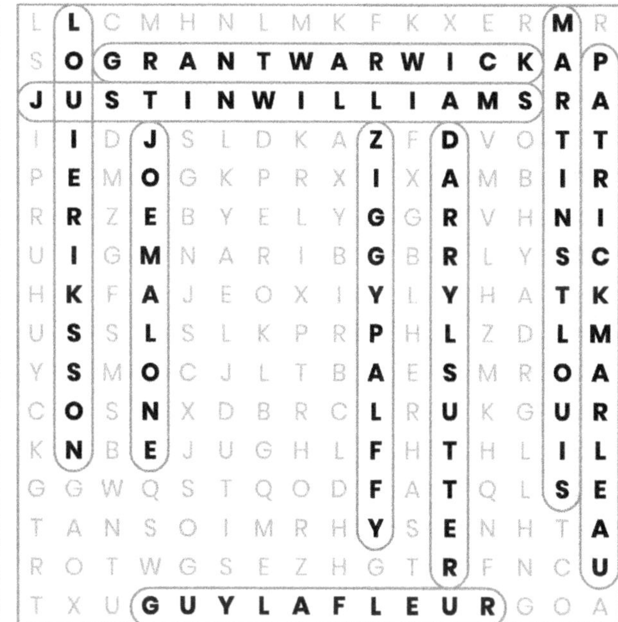

Puzzle 87 - Solution

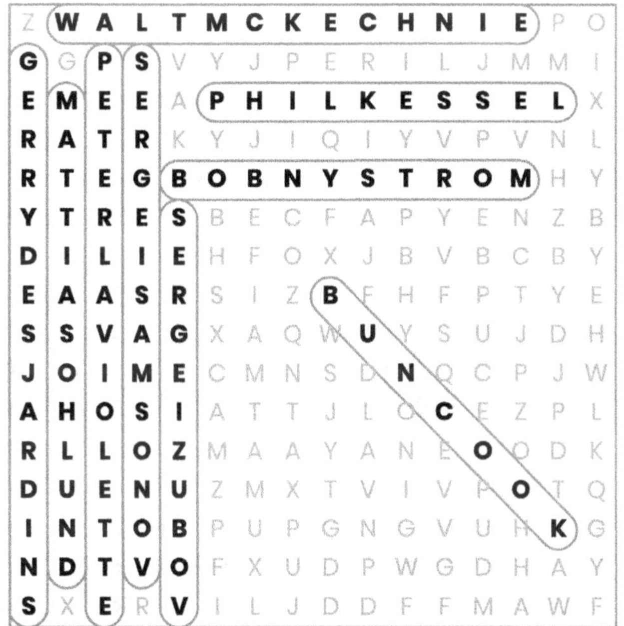

Puzzle 88 - Solution

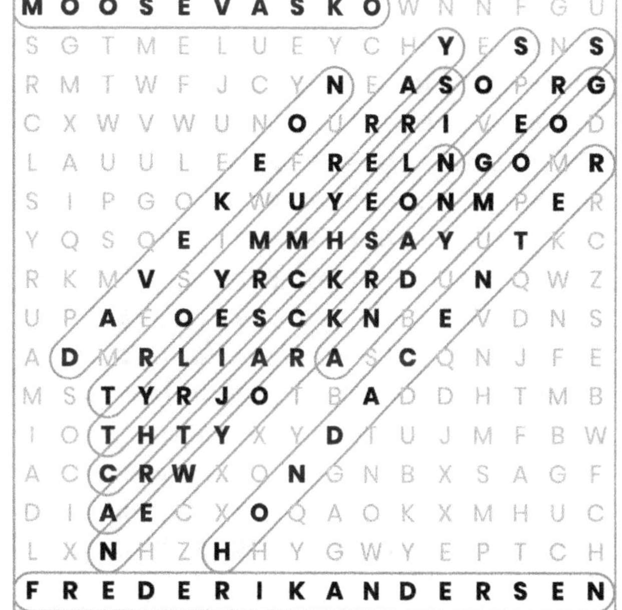

Puzzle 89 - Solution

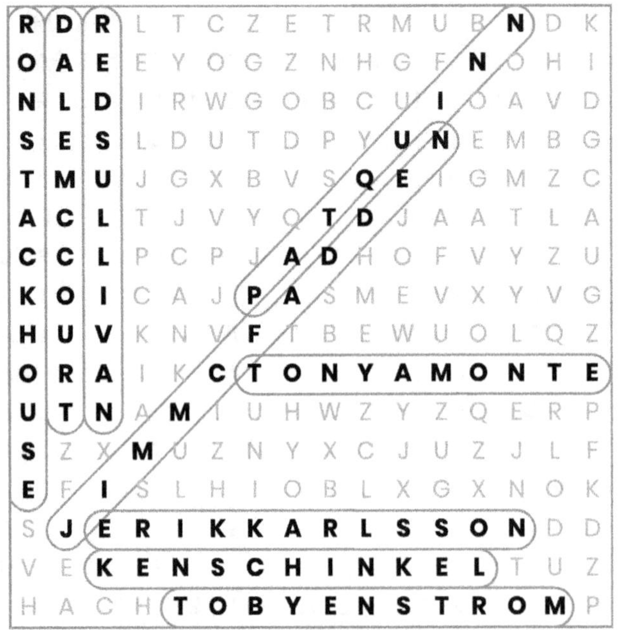

Puzzle 90 - Solution

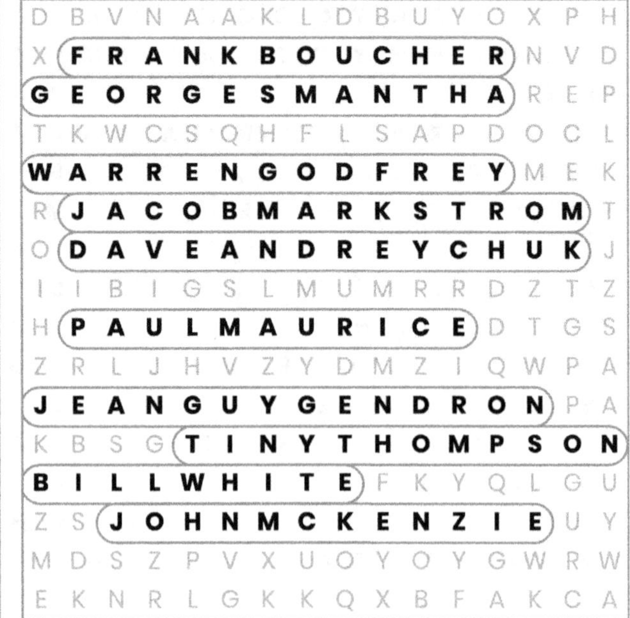

Puzzle 91 - Solution

Puzzle 92 - Solution

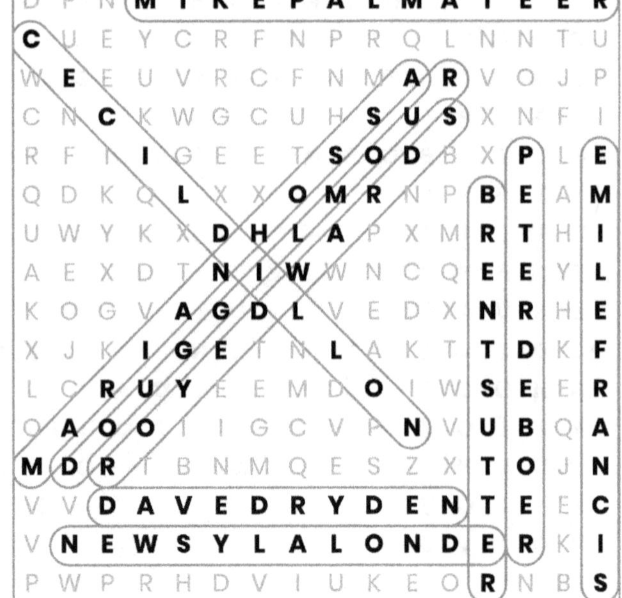

Puzzle 93 - Solution

D	T	O	N	Y	M	C	K	E	G	N	E	Y	F	N	Z
C	U	V	M	H	E	H	J	X	C	B	J	B	R	L	D
M	Y	Q	A	P	A	C	B	X	X	U	K	Y	A	J	E
S	M	E	R	A	S	R	F	V	W	H	S	W	N	J	N
P	B	K	T	U	D	Y	R	K	M	L	I	V	K	Y	O
E	C	S	I	L	N	I	H	Y	N	G	R	M	B	X	C
W	U	O	N	R	Q	E	D	Q	O	G	V	S	O	P	H
I	Q	X	B	O	R	I	A	I	M	L	V	E	U	W	A
M	M	U	R	N	O	N	K	L	E	V	I	D	C	I	R
N	D	M	O	T	B	P	H	D	B	R	B	V	H	R	A
T	N	C	D	Y	B	T	N	V	J	R	P	U	E	M	H
V	A	W	E	N	L	M	C	D	B	R	O	I	R	R	Q
E	T	N	U	Q	A	F	E	V	A	U	P	T	T	G	X
A	M	W	R	Z	K	P	H	S	M	D	F	V	E	R	T
Z	L	O	M	L	E	O	R	S	F	D	N	O	O	N	E
D	E	T	R	O	I	T	R	E	D	W	I	N	G	S	J

Puzzle 94 - Solution

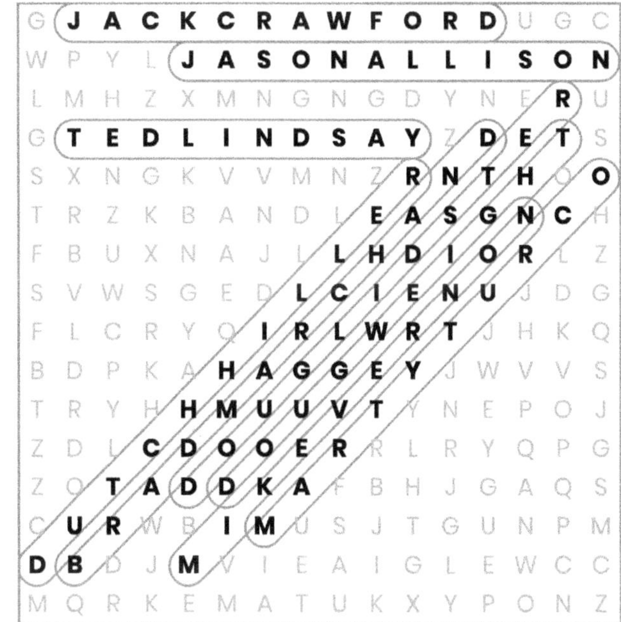

Puzzle 95 - Solution

Puzzle 96 - Solution

Puzzle 97 - Solution

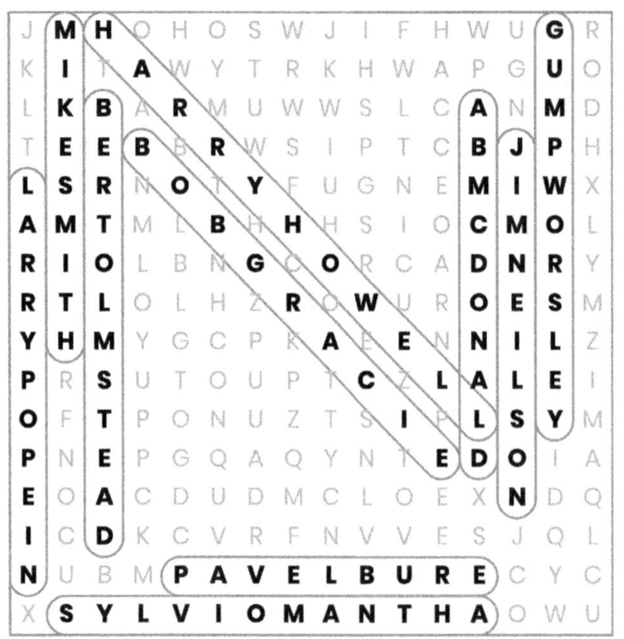

Puzzle 98 - Solution

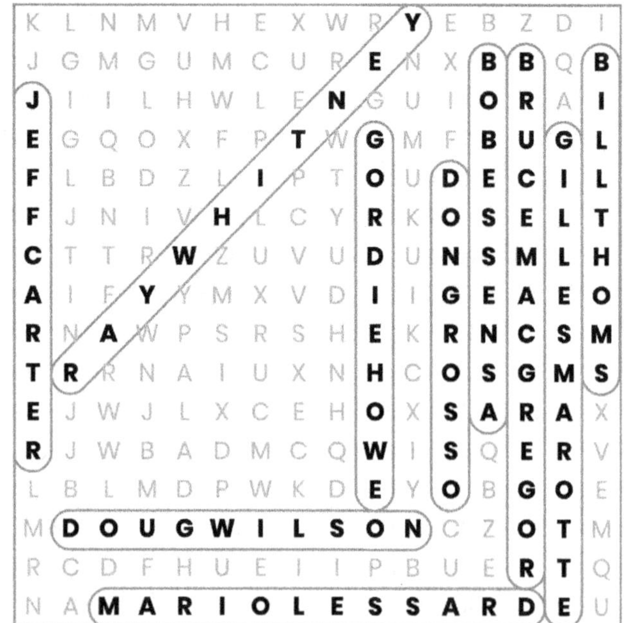

Puzzle 99 - Solution

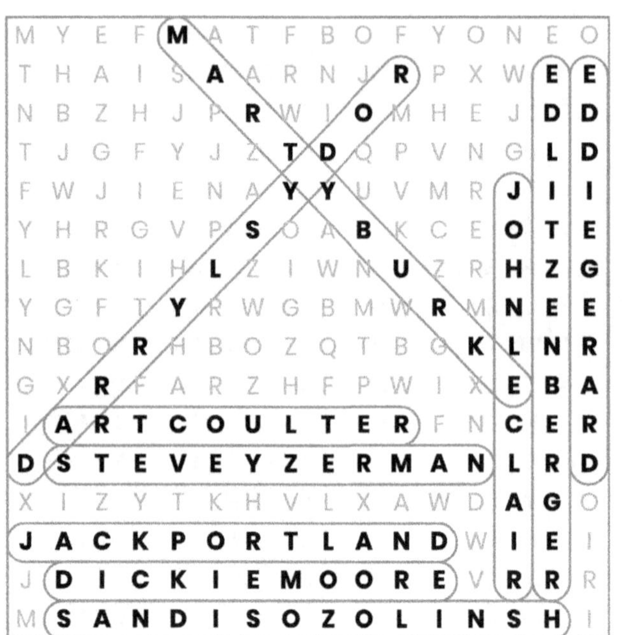

Puzzle 100 - Solution

Puzzle 101 - Solution

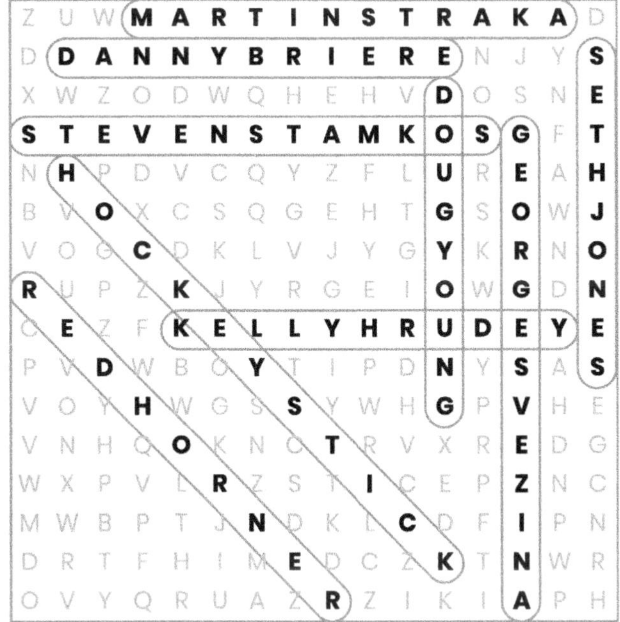

Puzzle 102 - Solution

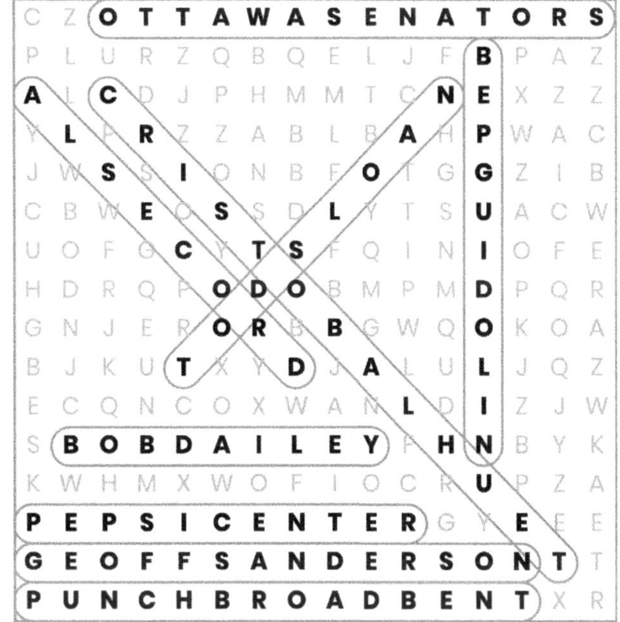

Puzzle 103 - Solution

Puzzle 104 - Solution

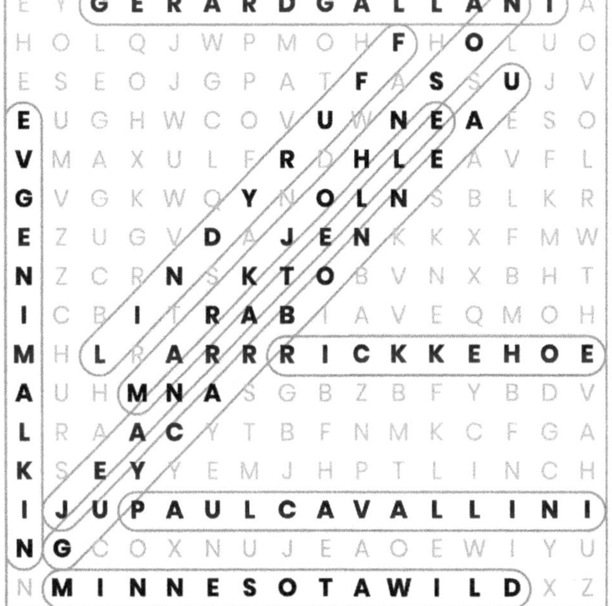

Puzzle 105 - Solution

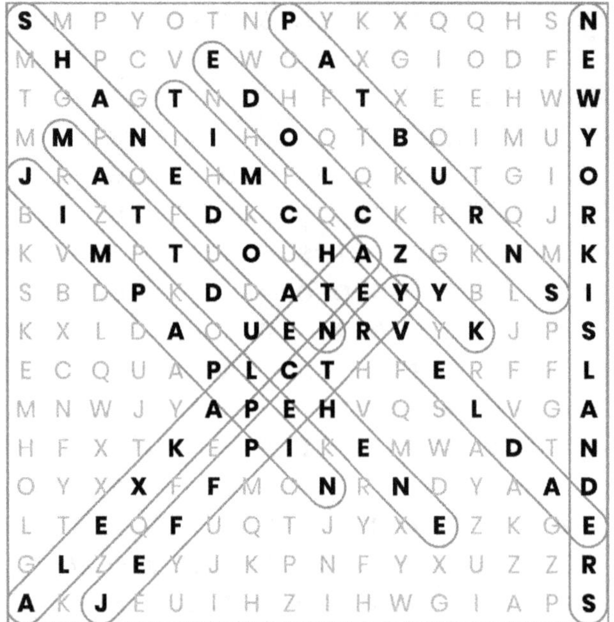

www.ingramcontent.com/pod-product-compliance
Lightning Source LLC
LaVergne TN
LVHW080159040225
802902LV00021B/569
9798421531531